2025 다음 세대 목회 트렌드

세움북스는 기독교 가치관으로 교회와 성도를 건강하게 세우는 바른 책을 만들어 갑니다.

2025 다음 세대 목회 트렌드

다음 세대 사역을 위한 대안적 지침서

초판 1쇄 인쇄 2024년 11월 25일
초판 1쇄 발행 2024년 11월 30일

지은이 | 김영한, 박호성, 백상원, 서상복, 이상갑, 정석원, 천한필
펴낸이 | 강인구

펴낸곳 | 세움북스
등 록 | 제2014-000144호
주 소 | 서울시 종로구 대학로 19 한국기독교회관 1010호
전 화 | 02-3144-3500
이메일 | holy-77@daum.net

교 정 | 이윤경
디자인 | 참디자인

ISBN 979-11-93996-27-0 (03230)

다음 세대 목회 트렌드

김영한 · 박호성 · 백상원 · 서상복 · 이상갑 · 정석원 · 천한필 공저

2025

다음 세대
사역을 위한
대안적
지침서

세움북스

서문

지금 시대는 탁상공론으로 뭔가 새롭게 할 수 없다. 박사 학위, 대단한 스펙도 중요하지만, 사실 현장에서 고민하고, 같이 뭔가 하지 않으면, 허공을 맴도는 메아리가 될 뿐이다. 사실 다음 세대 목회 트렌드 책을 코로나 이전에 기획 했었다. 현장에서 집회를 인도 하고, 다음 세대를 섬기는 분들에게 설문 조사도 하고, 실제적인 대안을 주고 싶었다. 코로나 때, 현장 예배에 올 수도 없었고, 집회도 쉽지 않았다. 코로나 이후 저자들에게 1년 동안 다음 세대 목회 그리고 다음 세대를 위한 저술을 하자고 제안했다.

참 아이러니한 게 있다. 다음 세대 사역을 몇년 차 섬기기 시작 했을 때인데 갑자기 '전문가'라는 소개를 받기도 했다. 왜 그랬을까? 그만큼 다음 세대 사역 장(場)에 남아 있는 목회자들이 많지 않기 때문이었다. 조금 사역을 잘하면 교구로 가거나, 담임으로 나간다. 그게 잘못된 것은 아니지만, 다음 세대 사역 장에 남아 있고 싶어도 때로 있지 못하는 만드는 구조적인 문제가 있다는 것이다.

개인적으로, 다음 세대 사역을 하면서, 골든 타임을 놓치지 말라고 외쳤다. 그러나 코로나 이후 골든 타임은 지나가 버렸다. 이제는 각 교회에 심폐 소생술이 필요한 시간이다. 대형 교회라고 안전하고, 여전히 부흥을 장담할 수 있을까? 그렇지 않다. 성도들 숫자가 줄어들고 있다는 소식이 교계 여기저기에서 들려온다. 다음 세대 부서는 통폐합되고 있다. 전임 사역자들은 준전임 사역자로, 준전임 사역자는 파트 사역자로 섬기고 있는 상황이다.

다음 세대 사역의 '시급성'과 '중요성' 그리고 '유익성'은 어느 교회에서나 공통적으로 말하고 있다. 그러나 시대적 흐름 가운데 직면한 문제들을 눈으로 보고 있지만, 회피하거나 해도 안 된다는 생각으로 점철된 듯하다. 다음 세대에 대한 투자의 필요성에는 공감하지만 실제로 투자로 이루어지지 않는다. 자녀를 키울때, 가정 예산의 60~70% 이상을 사용한다. 그러나 교회는 어떤가? 6~7%도 투자하지 못하는 교회들이 많다. 때로 다음 세대를 살리고자 실제적인 대안을 묻지만, 그 물음이 다인 경우도 있다.

다음 세대 목회는 현재 한국 교회가 직면한 절대적이고 긴급한 과제다. 다음 세대는 급격한 저출산 문제와 더불어 여러 중독, 우울, 상처로 얼룩져 있다. 부모와 다음 세대 목회자, 담임 목회자 그리고 교회 중직자들의 무관심과 여러 사회적 병폐, 제대로 된 양육 시스템의 부재 속에 다음 세대는 침체의 늪에 빠져들고 있다. 유럽, 미국 교회를 논할 필요 없이, 한국 교회에 대한 고민 만으로도 밤에 제대로 잠을 이룰 수 없는 상황에 다다랐다.

이 책 공저자들은 이런 상황 가운데 안 되는 데이터만 말하려고 펜을 든 것은 아니다. '일반 학교 학생 수'가 감소하는 것보다 두 배 더 빠르게 '교회 학교 학생 수'가 감소하고 있다. 이런 절박한 현실 가운데 대안과 해법을 논하고자 한다. 정말 안타까운 것은 숫자적 감소 때문만은 아니다. 다음 세대가 교회와 신앙에서 멀어지고 있다는 현실 때문이다.

여전히 우리는 더 고민하고, 숙고해야 한다. 왜 그럴까? 만일 이러한 심각한 위기 앞에 한국 교회가 제대로 대응하지 않을 경우, 앞으로의 미래는 어두울 수밖에 없기 때문이다.

이 책에는 어떤 내용을 담았을까?

『2025 다음 세대 목회 트렌드』는 다음 세대를 위해 실질적이고 영감 넘치는 해결책을 비롯하여, 복음에 기초한 한국 교회의 지속 가능한 미래를 위한 구체적 청사진을 담았다. 특히, 이 책은 각 분야의 전문가들이 참여해서 다음 세대가 겪고 있는 다양한 문화적 변화와 사회적 갈등, 영적 도전에 대한 심층적 분석을 통해, 한국 교회가 다시금 재도약할 수 있는 구체적 실천 방안을 제시하고 있다.

이 책은 교회를 떠나는 다음 세대 고민부터, 이단 세력의 확산으로부터 신앙을 지켜나가기 위해 어떻게 본질적인 접근을 해야 하는지, 복음의 핵심을 중심으로 신앙의 뿌리를 강화할 방안은 무엇인지에 대해 구체적인 논의를 펼치고 있다.

무엇보다 이 책은 한국 교회의 다음 세대 목회가 단순한 교육 강화나 프로그램 확장이 아니라, 주일학교 다음 세대들이 신앙 안에서 자신의 정체성과 삶을 더욱 온전히 세울 수 있게 하는 본질적인 접근을 강조하고 있다.

한국 교회의 재도약의 발판이 될 것으로 기대하는 『2025 다음 세대 목회 트렌드』는 '왜 다음 세대가 교회를 떠나는지', '왜 교회가 다음 세대를 더 이상 교회 안에 머물게 하지 못하게 하는지', 그리고 '다음 세대는 이전 부모 세대와 달리 영적, 내적, 사회적으로 어떤 취약성을 가지고 있는지'에 대해 심층적으로 다루고 있다. 물론 이 책은 단지 문제점만을 언급하고 있지 않다. 다음 세대 목회의 문제점들에 대해 교회가 어떻게 접근하고 해결해야 할 것인지에 대한 분명한 방향성을 제시하고 있다. 뿐만 아니라 이 책은 다음 세대 목회 생존을 넘어, 역동적인 사역으로 나아가도록 대안적 교회 모델도 제시하고 있다.

다시 한번 강조하지만 『2025 다음 세대 목회 트렌드』의 각 장은 풍부한 사역 경험과 전문성을 바탕으로 집필되었다. 7인의 저자들이 자신들의 사역 현장에서 얻은 지식과 통찰을 바탕으로 다음 세대 목회의 필요성과 방향성에 대해 다양한 시각과 해석을 제공하고 있음에 주목할 필요가 있다. 그러므로, 이 책을 집어들고, 진지하게 고민하며 읽어 나간다면, 다음 세대를 정확히 리딩하고 (Reading) 확실히 리딩(Leading)할 수 있으리라 믿어 의심치 않는다.

이 책은 다음 세대 목회자와 주일학교 교사들, 다음 세대 사역을 담당하는 섬김이들에게 시대를 반영한 실천적 지침서로서 활용할 수 있다. 물론 청소년들과 청년들, 그리고 다음 세대의 부모들이 함께 읽는다면, 가정 안에서부터 더욱 깊이 있는 대화를 나눌 수 있을 것이다.

다음 세대 목회와 사역은 여전히 희망이 있다. 마지막 책 장을 넘기면, 이 말에 수긍하게 되리라 믿는다.

2024년 11월
다음 세대 목회 트렌드 저자 일동

차례

추천사

오랜 기간 다음 세대 교육 현장에 있었다. 여러 사역을 하며 참 많이 고민했습니다. '다음 세대 교육 현장의 문제는 무엇일까?' 이른바 PEC가 없기 때문입니다. 우선, P는 교육 철학(Philosophy)이다. 교육 철학이 없으면, 예수를 따르는 제자가 아닌 세상을 따르는 무리를 키우게 된다. 다음으로, E는 교육 전문가(Expert)이다. 주일학교 사역자는 반드시 교육 전문가여야 한다. 하지만 대부분의 경우, 이제 막 신학 공부를 시작하며 주일학교 사역을 담당한다. 마지막으로, C는 교육 과정(Curriculum)이다. 교육 과정이 없으면, 무리는 제자로 훈련될 수 없다.

이 책은 PEC가 사라진 기독교 교육 현장에 꼭 필요하다. 저자들은 오랜 기간 다음 세대 사역 현장에 있는 전문가들이다. 그들은 다양한 사역 경험과 전문 지식으로 대한민국의 다음 세대 목회 현장을 정교하게 분석한다. 다음 세대가 교회를 떠나는 이유, 기성세대가 알지 못하는 다음 세대의 문화, 다음 세대를 미혹하는 이단 세력, 교회 학교의 현실, 교회의 구조적인 변화, 가정 연계 사역 등. 모두가 외치지만 모두가 답할 수 없는 난제들에 대한 솔루션을 명쾌하게 제시한다. 이 책을 다음 세대를 위해 고군분투하는 주일학교 사역자들과 주의 몸된 교회를 섬기는 담임 목회자들에게 강력히 추천한다. 2025년 다음 세대 목회의 로드맵을 제시하는 이 책이 여러분의 서재에 꽂혀있길 바란다.

주경훈 목사 _ 오륜교회 담임, (사)꿈이있는미래 소장, 《다시 쓰는 원포인트 통합교육》 저자

15년간 학교 사역을 하며 수 만명의 중.고등학생들을 학교 현장에서 만났습니다. 수 만명의 중.고등학생들을 학교 현장에서 만나며 깨닫게 된 부분이 있습니다. '해마다 새로운 세대가 등장 한다'는 것입니다. 이러한 점 때문에 다음 세대 사역은 쉽게 정답을 내릴 수 없는 영역인 것 같습니다.

해마다 다른 세대가 등장하고 있는 때에 『2025 다음 세대 목회 트렌드』라는 책이 나온다는 소식을 듣고 너무나 반가웠습니다. 다른 가치관을 가진 세대가 등장하는 시점에 『2025 다음 세대 목회 트렌드』는 시대의 흐름 뿐만아니라 새로운 세대들의 가치관을 이해할 수 있는 정보와 대안을 제공할 것입니다.

최새롬 목사 _ 학원복음화 인큐베이팅 대표, 《학원복음화 인큐베이팅》 저자

현장 사역을 하다 보면 시대의 흐름을 파악하는 것이 쉽지만은 않습니다. 저마다 허락된 사역 현장에서 당장 해결해야 할 일들이 많은가 하면, 때론 오랜 세월에 따른 쌓인 문화와 전통이 변화에 제동을 걸만큼 고착되어 있기 때문입니다. 그런 의미에서 이 책은 급변하는 시

대를 살아가는 다음 세대 사역자들이 놓치지 말아야 할 주요 키워드를 일목요연하게 기록한 책입니다. 그래서 사역자분만 아니라 교사들과 함께 읽고 토론하는 교재로 본서를 활용한다면, 보다 시대에 걸맞은 다음 세대 현장 사역을 동역자들과 마음 모아 진행할 수 있을 것으로 생각합니다.

천다니엘 목사 _ 혜성교회 교육 디렉터, 마중물 커뮤니티 대표

『2025 다음 세대 목회 트렌드』라는 책 제목을 읽는 순간 '꼭 필요한 책'이라는 생각이 들었습니다. 본서는 특히 다음 세대 교육을 담당하고 있는 교사와 사역자들이 직면하고 있는 목회 현장의 영적인 현실을 잘 드러내 주는 책입니다. '노마드(Nomad),' '호모 프롬프트,' '이단 2세,' 'VUCA 시대,' '상처의 시대,' '40:3000' 등의 어휘들이 인상적으로 다가옵니다.

오늘날 우리의 자녀들이 교회를 떠나가는 현실이 가슴 아픕니다. 고도로 발전하는 현대의 기술문명 속에서 오히려 수 많은 젊은이들이 다양한 이단과 사이비 종교에 쉽게 빠지고, '200만 이단 시대'가 다음 시대의 목회적 정황이라는 사실이 더욱 충격적입니다. 물론 본서는 문제를 들추어 내는 데 그치지 않습니다. 각 장은 다양한 대안을 모색하고 나아갈 방향을 제시합니다. 특히 현재의 영적 위기를 해결하는 대안으로 제3장이 제시하는 답에서 우리는 참 소망을 발견합니다. 그 해답은 바로 '복음'입니다. 복음이야말로 '이미 주어진 대안'입니다. 본서는 급변하는 목회 환경에 처한 교회가 '이미 알고 있는 복음'의

가치를 다시 한 번 생각할 수 있는 기회를 제공합니다. 또한 복음 안에서 다음 세대를 다시금 세워갈 수 있도록 독려합니다.

한국 교회 신자와 사역자들이 개인적으로는 물론 여럿이 함께 읽고 토론하기 위한 교재로 본서를 활용할 것을 추천합니다. 『2025 다음 세대 목회 트렌드』을 통해 한국 교회가 영적으로 더욱 건강한 교회로 세워지길 간절히 기원합니다.

안상혁 교수 _ 합동신학대학원대학교, 역사신학

오늘날 우리 사회는 빠르게 변화되며 다양한 상황과 도전들을 마주하고 있습니다. 이런 시대 속에 자라나는 다음 세대들에게 복음을 어떻게 전하고 가르칠 수 있을지 그 길을 찾기란 쉽지가 않습니다. 그렇기에 이 책은 대한민국 청소년 사역자와 부모들이 반드시 읽어야 하는 중요한 이유라 생각합니다. 그 이유는 이 책의 저자들은 현장에서 고민하며 다음 세대가 겪고 있는 급변하는 문화적, 사회적 도전에 대한 깊이 있는 분석과 실질적인 대안을 제시하고 있기 때문입니다.

저출생, 스마트폰 중독, 청소년 범죄 등 오늘날 청소년들이 마주하는 문제들을 명확히 짚어내며, 교회가 이들을 어떻게 품고 복음으로 이끌어야 할지 구체적으로 제시합니다. 더불어, 청소년들이 직면한 중독 문제와 교회의 역할에 대한 통찰을 통해, 가정과 교회가 협력하여 다음 세대를 영적으로 양육할 수 있는 지침서 역할을 할 것으로 기대합니다.

이 책을 통해 다음 세대들의 현실을 이해하고, 그들이 교회와 가정

안에서 건강하게 성장할 수 있도록 돕는 중요한 인사이트를 얻을 수 있기에 청소년 부모들을 비롯한 다음 세대 사역자와 담임 목회자들에게 강력히 추천합니다.

감덕규 목사 _ CTS기독교TV 경영전략 전무

한국 교회는 다음 세대 교육에서 심각한 어려움에 직면해 있습니다. 최근 조사에 따르면, 일반 초·중·고 학생들의 감소 속도보다 교회학교 학생 감소 속도가 두 배 이상 빠르다는 통계가 나오고 있습니다. 한국 교회 특히 교회학교의 위기 상황이 더욱 가속화 되고 있습니다. 더 큰 문제는 이러한 경고가 이제는 우리에게 더 이상 새롭지 않다는 점입니다. 다음 세대 위기는 이제 한국 교회의 변수가 아닌 상수가 되었고 이 상황을 직시하고 대응하는 일이 무엇보다 시급해졌습니다. 이런 가운데 다음 세대 사역에 대한 깊은 고민을 담은 『2025 다음 세대 목회 트렌드』의 출판 소식은 우리 모두에게 새로운 소망을 불러 일으킵니다.

이 책이 돋보이는 이유는 바로 집필자들의 오랜 현장 경험과 그들이 현장에서 씨름해온 깊이 있는 고민이 고스란히 담겨 있기 때문입니다. 7명의 저자들은 다음 세대 사역의 최전선에서 수많은 도전에 맞서 싸우며 쌓은 전문성과 통찰력을 바탕으로 대한민국 다음 세대 목회 현장을 생생하게 분석하고 있습니다. 다음 세대가 교회를 떠나는 이유, 세대 간의 문화적 차이, 신흥 이단의 위협, 교회학교의 현실, 교회의 구조적 변화, 가정 연계 사역의 필요성 등, 현대 교회가 직면한

다양한 문제를 구체적으로 다루며 실제적인 해결책을 제시하고 있습니다. 이런 관점에서, 그 가치와 필요성을 분명히 드러냅니다. 각 장에 담긴 내용들은 교회를 섬기는 목회자들이 복잡한 문제를 이해하고, 효과적으로 대처할 수 있도록 돕는 귀중한 도구가 될 것입니다. 주일학교 사역자들과 담임 목회자들이 다음 세대의 변화하는 필요를 파악하고 실천할 수 있는 청사진을 제공하며, 단순한 지침서를 넘어선 필수 안내서가 될 것이라 믿습니다.

좋으신 주님께서 여전히 우리의 소망이 되십니다. 여전히 살기가 등등한 시대(행 9:1) 속에서 홀연히 임하는 은총이(행 9:3)이 우리를 향하고 있음을 믿습니다. 이 책이 다가오는 2025년을 준비하며 다음 세대를 위해 헌신하는 모든 사역자들에게 큰 힘이 되리라 확신합니다.

함승수 교수 _ 명지대학교 교육대학원(기독교교육전공), 사단법인 사학법인미션네트워크 사무총장

요즘 다음 세대에 관한 이슈는 모든 세미나와 포럼에 단골메뉴가 되었습니다. 그러나 여기서 뭔가 뾰족한 해결책이 나올 리가 없습니다. 그런 해결책이 있다면, 다음 세대 문제가 생기지도 않았을 것입니다. 예수님은 길을 묻는 제자들에게 "내가 곧 길"이라고 말씀하셨습니다. 그렇습니다. 하나님이 곧 길이시고, 해결책은 항상 하나님이 내놓으셨습니다. 광야생활 40년 동안 하나님 자신이 길이셨고, 길을 내는 분이셨습니다. 사사시대 말기에 아무런 대안이 없을 때도 하나님은 사무엘을 세우셨고, 다윗을 준비하고 계셨습니다. 지금도 마찬가지입니다. 다음 세대 문제를 다룰 때도 이 믿음을 가지고 접근해야 합니다.

이 책은 현실을 정확하게 인식하면서도 하나님이 대안을 갖고 계신다는 믿음 에서 쓰여졌다고 봅니다. 깊이 있는 분석에서 시작해서 매우 구체적이고 현실적인 대안이 제시됩니다. 그래서 그런지 이 책을 읽으면 절망 대신에 희망이 생깁니다. 이 책을 어른 혼자 읽거나 어른들끼리만 읽기 보다는 다음 세대 자녀들이나 청년들과 함께 읽을 것을 권하고 싶습니다.

김태구 대표 _ 전 CMI 대표, 현 학원복음화협의회 대표

모든 사안에 있어 골든타임이 있듯이, 한국 교회 사역에 있어서도 골든타임이 있습니다. 바로 다음 세대 사역입니다. 현재 한국 교회의 상황이 어렵다고들 합니다. 하지만 다음 세대 사역이 있는 한 얼마든지 회복과 도약의 가능성이 있습니다. 우리 모두가 한국 교회의 골든타임인 다음 세대 사역에 대해 주목하고 연구해야 할 이유가 여기에 있습니다.

너무나 반갑게도 다음 세대, 아니 한국 교회에 꼭 필요한 책이 나왔습니다. 시중에는 매년마다 '트렌드'라는 단어를 붙인 제목의 책들이 많이 출간되고 있습니다. 그중에서도 이 단어가 가장 어울리는 것이 다음 세대 사역입니다. 이 사역이야말로 흐름을 가장 민첩하게 살펴야 하기 때문입니다. 이 책에는 다음 세대 사역에 뛰어난 통찰을 가진 7인의 저자들이 시대의 흐름을 분석하고 적실한 대안을 제시합니다. 이 책에서 선정한 각 키워드는 다음 세대 사역을 준비하는 이들에게 반드시 마음에 담아두어야 할 중요한 주제가 될 것입니다. 이 책은

현장에서 다음 세대 사역으로 치열하게 씨름하는 분들에게 좋은 길잡이가 될 것을 확신하며, 기쁜 마음으로 추천합니다.

양형주 목사 _ 대전도안교회 담임목사, 바이블백신 대표, 《청년 리더사역 핵심파일》 저자

복음은 변하지 않지만 복음이 입고 있는 옷은 변해야 합니다. 복음은 특정 시대에만 머물러 있는 것이 아니라 모든 시대와 세대에 까지 흘러야 합니다. 그래서 다음 세대 사역자들에게 성경을 꿰뚫는 눈과 동시에 시대를 읽는 안목이 있어야 합니다. 전자도 그렇지만 후자도 쉽지 않습니다. 그 영역이 복잡하고 방대합니다. 이 책은 그런 의미에서 다음 세대 사역자들에게 심플하고 분명한 텍스트북이 될 수 있을 듯합니다. 저자들의 글 속에서 책상만이 아닌 현장의 냄새가 납니다. 차가운 머리만이 아닌 절박한 가슴으로 써내려간 중심이 느껴집니다. 성경과 더불어 이 책과 함께 다음 세대에게 나아가십시오. 이전과 다름을 경험하게 될 것입니다.

홍민기 목사 _ 브리지임팩트 사역원 이사장, 라이트하우스 무브먼트 대표,
《플랜팅 시드》 저자

CHAPTER 1

노하며 표류하는 노마드(Nomad) 다음 세대

"교회를 이탈하는 다음 세대, 이유가 있다"

한국 사회는 고령화되어 가고 있다. 교회도 이런 현상을 피해갈 수는 없다. 2023년 12월 12일 통계청 발표에 의하면, 장래인구추계는 중위 연령이 1960년대 초는 19세, 2020년대 초는 44.9세였다. 앞으로 2070년대 초는 63.4세로 고령화된다고 보고했다.

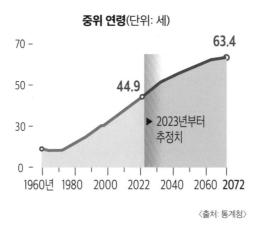

중위 연령(단위: 세)

〈출처: 통계청〉

인구수는 2022년에 5,167만 명이었고, 앞으로 2072년에는 3,622만 명으로 감소한다고 보고했다. 이미 출산율은 2021년 인구 데드 크로스(dead cross, 출산율〈사망률) 현상이 발생했고, 2025년 합계 출산율은 0.65명까지 추락한다고 추정하고 있다. '국가소멸'까지 거론될 만큼 가파른 저출생·고령화 추세가 이어질 전망이다. 앞으로 저출생으로 인해 1977년 수준인 3,600만 명대까지 쪼그라들 것이다.

총인구 및 인구성장률

<출처: 통계청>

그런데 여기서 한 가지 잊지 말아야 할 것이 있다. 고령화되고 인구가 감소된다고 해서 다음 세대가 아예 없는 것은 아니다. 지금

도 여전히 맛집, 키즈 카페, 놀이 공원에 다음 세대는 넘쳐 난다. 문제는 교회에만 다음 세대가 없고, 더 없어질 조짐이 보이고 있는 것이다.

종교인구 현황을 보자! 한국리서치 정기조사 '여론 속의 여론'이 최근 2022년 종교인구 현황을 발표했다. '여론 속의 여론'은 2018년 1월 처음 조사를 시작해 2019년 2월까지 월 1회, 그 이후 격주로 1회씩 2022년 11월까지 총 23번 조사를 실시했다.

2022년 종교인구 비율

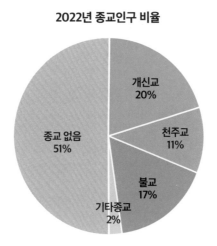

〈출처: 한국리서치 정기조사 여론 속의 여론〉

전체적으로 종교인 인구는 늘었다. 그런데 조사 결과 종교 없음의 인구 비율은 51%였다. 그 뒤를 이어, 개신교 20%, 불교 17%, 천주교 11% 순으로 나타났다. 남성보다 여성이 더 많았다. 그런데 특이한 것은, (아니 이제는 누구나 감지하듯) 젊은층보다 고령층 종교인이 더 많았다.

60세 이상은 66%가 종교인이었다: 개신교(25%), 불교(23%), 천주교(17%), 기타(1%). 반면, 18~29세는 31%가 종교인이었다: 개신교(14%), 불교(8%), 천주교(7%), 기타(2%)로 나타났다. 지역별로 본 종교 분포도는 서울과 인천, 경기 등 수도권에서 개신교 신자의 비율이 가장 높았고, 불교와 천주교 신자의 비율은 큰 차이 없이 비슷했다.

코로나 이후, 1년간 종교의 변화를 묻자 9%가 있다고 답했다. 문제는 종교별로는 개신교 이탈자가 가장 많았다.

- 개신교인(개신교 ➡ 무종교 12%, 개신교 ➡ 타종교 1%),
- 불교인(불교 ➡ 무종교 9%, 불교 ➡ 타종교 1%),
- 천주교인(천주교 ➡ 무종교 8%, 천주교 ➡ 타종교 1%),
- 무종교인(무종교 ➡ 종교 4%), 순으로 변화가 있었다.

이러한 지수는 한국 교회 현황이 왜 이런지 고스란히 보여 주고 있다. 한국 교회는 지금 카페가 사라지듯 마구 사라지고 있다.

2023. 12. 24. 19:09에 올라온 신문 기사 제목이다.

실제로, 2023년 한 해 11월까지 누적 11,450곳이 폐업했다. 역대 최다였다. 하루 평균 34곳, 한 달에 1,041곳이 폐업하는 꼴이었다. 2020년 이후 연 카페는 4곳 중 1곳이 망하고 있다. 카페만 이럴까? 교회도 비슷하다.

카페 폐업 수(단위=개)

2020년 9111

2021년 9900

2022년 1만1391

2023년 1만1450

2023년은 11월까지 〈출처: 행정안전부〉

그렇다면 교회 수는 얼마나 되고, 어떤 현상이 있을까? 교회 수는 대략 75,000개 정도였다. 코로나 이후 만 개 정도의 교회가 문을 닫았다. 지금은 약 65,000개 정도, 혹 60,000개 정도로 볼 수 있다. 교회가 왜 이렇게 되었을까? 한국 개신교 호감도는 33.3점으로 3대 종교 중 꼴찌다.

여론조사 전문 기관 한국리서치가 발표한 '2023 종교 인식 조사'에서, 한국 사회의 개신교 호감도는 33.3점으로 불교(52.5점)와 가톨릭(51.3점)에 한참 못 미친다는 조사 결과를 발표했다.

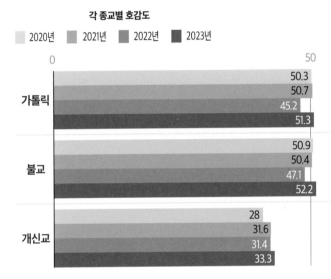

주요 종교 호감도 조사

각 종교별 호감도

0점에 가까울수록 부정적, 100점에 가까울수록 긍정적

다음 세대가 교회를 떠나는 문제는 단순한 종교적 이탈이 아니라, 한국 교회가 직면한 심각한 위기이다. 이는 특정 세대의 일시적인 현상이 아니라, 교회와 젊은 세대 사이의 근본적인 단절을 반영하고 있다. 이를 해결하기 위해서는 정확한 데이터를 기반으로 원인을 분석하고, 교회가 어떻게 대응할지 구체적인 방안을 마련할 필요가 있다.

먼저, 한국갤럽의 2021년 종교 조사에 따르면 19~29세 사이의 응답자 중 78%가 종교가 없다고 답했다. 이는 2012년 55%에서 많이 증가한 수치로, 기독교 신앙을 고백하는 청년의 비율은 약 9.5%에 불과하다. 이는 1997년 19~29세 청년 중 기독교를 신앙으로 삼았던 약 30%에 비해 급격히 감소한 것이다.

이와 더불어 한국기독교목회자협의회(KNCC)가 2023년에 실시한 조사에서는 청년부 출석률이 10년 전 25%에서 현재 7% 이하로 줄어들었다. 이러한 통계는 한국 교회가 다음 세대를 놓치고 있음을 명확히 보여 주고 있다.

다음 세대가 교회를 떠나는 원인은 복합적이다.

첫째, 교회와 젊은 세대의 현실 사이에 괴리가 존재한다.
데이비드 램(David T. Lamb) 미시오(Missio)신학교 교수는 젊은 세대가 교회를 떠나는 이유 중 하나로 교회가 소외된 자들에 대해 관심을 가지지 않는 것처럼 보이는 점을 지적했다. 현대의 청년들은 사회적 정의와 약자 보호에 큰 관심을 두고 있으며, 교회가 이러한 문제에 무관심하거나 소극적인 태도를 보일 때 실망감을 느낀다.

둘째, 교회 지도자들에 대한 신뢰 상실도 중요한 원인이다.

갤럽의 2022년 자료에 따르면, 청년들의 72%가 교회 지도자들에 대한 신뢰 부족을 교회를 떠나는 이유로 꼽았다. 이는 목회자들의 도덕적 문제, 재정의 불투명성, 권위주의적 리더십 등에서 비롯된 문제이다. 교회가 투명하고 공정한 리더십을 발휘하지 못할 경우, 청년들은 교회를 신뢰할 수 없다고 느끼며 이탈하게 된다.

셋째, 교회가 사회적 책임을 다하지 못하고 있다는 인식도 청년 이탈의 주요 원인이다.

현대 청년들은 사회적 정의와 윤리적 책임을 중시하며, 교회가 이에 대해 더 명확한 입장을 취하고 적극적으로 나서기를 기대한다. 2022년 한국목회리더십연구소의 조사에 따르면 청년들의 85%가 교회가 사회적 문제에 대해 더 적극적으로 대처해야 한다고 응답했다. 교회가 이러한 기대에 부응하지 못할 때, 청년들은 교회를 시대에 뒤떨어진 기관으로 인식하게 된다.

넷째, 교회의 디지털 부재도 중요한 문제로 지적된다.

현대 청년들은 디지털 네이티브 세대로, 일상생활의 많은 부분이 디지털 환경에서 이루어진다. 그러나 교회는 여전히 전통적인 방식에 머무르며, 디지털 플랫폼을 통한 소통이 부족하다. 2022년 기독교미래연구소 조사에 따르면 청년의 90%가 교회의 디지털 소통 부족을 문제로 인식하고 있다.

다섯째, 마지막으로 개인적인 영적 경험을 중시하는 경향도 교회 이탈의 한 요인으로 작용하고 있다.

MZ세대는 개인적인 영성에 관한 관심이 크며, 기존의 전통적인 예배 형식이 이러한 영적 필요를 충분히 채우지 못한다고 느낀다. 교회가 이들의 영적 갈증을 해소하지 못할 때, 청년들은 교회 밖에서 스스로 영적 갈등을 해결하려 하며 교회를 떠나게 된다.

다음 세대, 특히 MZ세대(Millennials와 Z세대)가 교회를 떠나는 현상은 전 세계적이며, 한국 교회 역시 이러한 문제에 직면하고 있다. MZ세대는 전통적인 종교 형식에 대한 불만을 갖고 있으며, 특히 교회가 그들의 기대와 욕구를 충족시키지 못하는 상황에서 이탈하는 경향이 두드러진다. 이 현상은 단순한 종교적 변화나 일시적인 현상이 아닌, 더 깊은 사회적, 문화적, 영적 요인들이 복합적으로 작용한 결과이다. 그렇다면 MZ세대가 교회를 떠나는 이유를 어느 정도 논했으니, 그 대안에 관해 살펴보자.

🌑 목회자에 대한 불만이 사그라지게 하자!

"전도사님이랑은… 직접 얘기하다 보면…. 좀 제가 답답해서 주로 담임 목사님께 말씀드려도 되는지 이렇게 물어보는 식으로 제가 빠져나가요. (카톡으로 더 싸우기 싫어서 그러신지 자유롭게 그렇게 하라고 하더라고요). 오늘도…, 소통이 안 되어 답답했어요. 다음

주특송인데…·.후…·.ㅜㅜ”

한 지체는 권위주의적인 목회자를 겪고 이런 말을 했다. 목회자,
교회 지도자는 다음 세대와 대화와 원활한 소통을 해야한다. 이
말을 기억해야 한다.

"소통이 없으면, 고통이 찾아온다."

특별히 소통할 때 주의할 것이 있다. 바로 위에서 아래로 명령하
듯 발언하는 것을 조심해야 한다.

"대화요. 정작 교회 안에서 평화로운 대화법, 마음과 마음이 통하
는 대화가 없고 주로 top down(하향식) 방식이라 거리감이 있어
요. 교회 목표나 사역의 방향도 함께 모여 공동의 약속으로 정하면
좋을 텐데요. 대기업도 facilitation 기법으로 대화하고 있는데 교회
는 그런 대화의 구조나 틀조차 없어요."

소통은 단순히 의사소통만을 말하지 않는다. 다음 세대는 현장에
서 얼굴을 보고 말하는 것도 소통이지만 자신의 인스타, 스레드,
유튜브에 방문해 주고 격려해 주는 것도 크게 생각한다. 코로나
때, 서로 얼굴을 볼 수 없을 때, 이런 소셜 네트워크 공간에 찾아
가 따뜻한 말 한마디 건네주는 것만으로도 크게 감동을 받았다.

MZ세대는 디지털 네이티브로서, 교회의 전통적인 소통 방식에 불만을 느끼고 있다. 2022년 한국목회리더십연구소의 조사에 따르면, 90%의 청년들이 교회의 디지털 소통이 부족하다고 응답했다. 온라인 예배와 소셜 미디어를 통한 활발한 소통이 부족하면 교회는 젊은 세대와의 연결을 놓치게 된다.

◐ 지나친 헌신 강요를 지양하자!

"교회에서 찬양팀, 디자인과 영상, 가끔 설거지와 청소를 하는 청년입니다. 교회 일은 사실 시키는 게 아니라 자발적인 분위기가 되어야 해요. 안 한다고 눈치 주지 않고 한다고 추켜세워 주지도 않고요. 저희 교회는 청년부만 봉사하거나 시키는 게 아니라 전교인이 자발적으로 찬양하고 청소하고 점심 식사를 만들고 설거지를 하고 있는데요. 가족이 다 같이 교회로써 함께한다는 그 공동체의 소속감이 힘을 줍니다.

때로는 사람들을 모아서 놀러 가거나 차를 마시러 가기도 하고 아무튼 교회 가는 것이 기쁘고 즐거운 것에 한몫하는 게 가족 공동체라는 인식과 내로남불 없이 적극적인 분위기인데 이건 사람보다 하나님이 머리 되시는 교회가 되었을 때 가능하다는 건 확실한 것 같아요. 진짜 우리 눈에 비효율적이게 보이는데 그 어떤 사람의 방법보다 따뜻하고 든든하더라고요."

한 지체는 이런 일침을 가했다.

"사랑이 없고 사역만 있는 교회. 처음엔 미션으로 모여 스타트업처럼 뜨겁다가 회사처럼 부풀려 경영하기 바쁘고 기업처럼 유지와 체계만 잡다가 박물관이 되어 버리는 교회. 그래서 떠나는 것. 진짜 기성세대 사역자들 반성하쇼."

우리는 다음 세대를 어떻게 바라봐야 할까?

"청년을 교회 일꾼으로 보는 시각을 고쳐야 한다고 생각합니다. 여전히 배워야 할 대상이라는 점을 숙지해야 한다고 생각합니다. 저는 고3 때 교회의 분열로 교회 반주자의 부재를 경험했습니다. 담임 목사님은 그나마 조금 피아노를 배웠던 저에게 반주를 맡아 달라고 요청했는데 저는 실력 부족으로 거절하였습니다. 하지만 순종해야 복 받는다는 프레임으로 계속 강요했고 고3인데도 불구하고 피아노 학원에 다니며 반주를 했어요. 전도사님(당시 지휘자님)이 어려운 악보를 주면 일주일 내내 스트레스였고 교회에 대한 반감이 생겼어요. 지금도 신앙생활하고 있고 하나님 나라를 소망하지만, 명절 때 본가에 가면 고향 교회는 쳐다보고 싶지도 않고 그렇네요…"

MZ세대는 과도한 헌신 요구에 대해 부정적인 반응을 보인다. 청년들은 교회 활동이 개인의 일상과 균형을 맞추지 못할 때 불만을 품고, 그 결과로 교회를 떠나게 된다.

한 가나안 청년(교회에 교인으로 등록은 되어 있으나 출석하지 않는 청년)은 이런 말을 했다.

> "세상에 속해 있는 청년들의 현실을 무시하는 목사님도 계세요. 덕분에 전 교회를 떠났고요. '목사님 덕분에 교회를 떠나서 지옥 가게 된다면 가겠습니다' 하고 울면서 청년부 예배실을 떠났던 옛날이 아직도 생생합니다."

2022년 한국목회리더십연구소의 조사에 따르면, 청년들의 65%가 교회의 지나친 헌신 요구가 그들의 개인 생활을 침해한다고 응답했다.

다음 세대의 영성을 채워 주자!

> "글쎄…. 다 본질은 아닌 것 같고, 청년들이 교회를 떠나는 근본적인 문제는 말씀이 없기 때문 아닌가? 성경엔 말씀을 들으면 마음속에서 뜨겁게 감동이 생기고 말씀을 기억나게 하는 게 성령 사역인데, 성령님이 반응하지 않는 건 제대로 된 말씀을 전하지 않아서인 것 같아. 구제와 행정에 목매는 건 더더군다나 교회가 제대로 된 말씀을 전할 의지가 없어서라고 생각해. 그 시간에 말씀 하나 더 제대

로 전하려는 노력이 있다면 청년들이 하나님을 왜 떠나겠어? 청년들은 하나님을 떠나는 게 아니라 교회를 떠나는 것일 뿐이야. 형식만 남은 교회!"

왜 다음 세대가 이단에 많이 빠질까? 이단이 오히려 성경공부를 더 체계적으로 해 준다. 게다가 열정적으로 가르쳐 준다. 그러나 정통이라고 하는 기존 교회 목회자는 말씀을 제대로 묵상하고 연구하지 않는다. 사실 다음 세대는 말씀과 영성에 관심이 여전히 있다.

한 지체는 교회가 놓친 것이 있다고 했다.

"본질은 잊은 채 본질인 것처럼 말하는 세상에서의 처세만 가르치고 감성만 자극하는 설교와 인본주의에 기초한 말씀들이 결국 지치게 했어요. 지금은 교회를 옮겨 철저히 성경 중심의 말씀과 교리를 바탕으로 예배드리는 곳에서 기쁨과 감사로 지내고 있습니다. 사역 또한 마찬가지로 세상의 요구에 응답하는 '일'이 아니라 성경 말씀에 기초하여 하나님의 요구가 바탕이 된 교회의 필요에 봉사할 철저한 교육과 헌신으로 이루어진 '봉사'가 되어야 한다고 생각합니다. 요즘 젊은 청년들이 좋아하는 콘텐츠나 인기를 끌 만하고 흥미를 자극할 만한 것들 뭐 다 좋다고 하더라도, 결국 교회에서 믿음을 자라게 하는 건 본질을 놓치지 않는 신학적 해석에 기초한 예배와 그 안에서 이루어지는 성도의 교제가 아닐까 생각해 봅니다."

그렇다. 정말 오늘날 한국 교회가 본질을 간과하고 있지 않을까? 감성을 자극하고, 전도를 통해 여전히 부흥하려고 하고 있지 않을까? 사역이라고 하지만 말씀에 기초한 섬김이 아니라 그저 교회를 위한 행사나 프로그램으로 전락하고 있지는 않을까?

그렇다면 다음 세대는 말씀에만 관심이 있을까? 다음 목소리를 잊지 말아야 한다.

> "저는 이 교회를 떠나야 하나 고민이에요. 여기 교회 공동체는 양육도 없고, 제자 훈련도 없어요."

왜 우리는 다음 세대 젊은이들을 어떤 일보다 더 양육받도록 해야 할까?

> "청년들은 일꾼이 아니고 사랑받아야 할 귀한 존재들입니다…. 저또한 청년 때부터 갈아 넣어졌었는데요, 마음이 아픕니다. 대학부나 청년 시절에 이미 결혼학교 등을 배우고 양육받아야 진짜 결혼할 때가 되었을 때 좋은 배우자를 보는 눈을 기르고 본인이 좋은 아내와 남편이 될 수가 있는 것 같아요. 청년들의 얼굴이 밝은 교회가 건강한 교회, 행복한 교회라고 생각합니다."

그렇다. 젊은 시기는 아주 짧다. 이럴 때, 제대로 결혼하기 전 양육과 훈련을 받아야 온전한 가정을 이룬다. 제대로 된 양육과 훈련 없이 결혼한 커플들을 보면 상당히 다툰다. 서로 으르렁거린다. 꺾이지 않은 가시로 서로를 찌른다.

특별히 우리는 왜 다음 세대를 주중에 더욱 영적으로 양육하며, 케어해야 할까? 한 지체가 청년부 Q&A 시간에 이런 말을 했다. 그러자 다른 지체도 이런 말을 했다.

> "네, 저도 교회를 열심히 섬겼지만 탈진이 온 것 같아요. 케어는 없고, 일만 하는 듯해요. 연말에 교회를 떠나야 할 듯해요…."

정말 귀를 의심하게 되었다. 젊은이들이 교회를 사랑해서 예배하고 열심히 섬겼는데, 목회자 양육과 훈련은 받아 본 적이 없고 케어도 제대로 받지 못하고 있다고 했다. 그런데 이런 교회가 한두 곳이 아니다. 집회에 가 보면, 어떤 청년부 공동체에서는 이런 말도 한다.

> "담당 목사님 얼굴을 볼 수가 없어요…. 설교 준비는 하시는지 모르겠어요…."

아…. 정말 할 말을 잃게 된다.

이렇게 목회자가 열심히 안 하면 문제가 생길 수 있다. 무엇보다 첫째, 영적 지도력이 부재한다. 목회자가 열심히 안 하면 교회의 영적 지도력이 약해진다. 이는 다음 세대들이 신앙의 방향을 잃거나 성장하지 못하게 할 수 있다. 둘째, 교회 공동체가 침체한다. 목회자가 열정이 없으면 교회 분위기가 가라앉는다. 결국, 공동체가 활력을 잃어 침울할 수 있다. 셋째, 전도 및 성장이 둔화된다. 부흥은 고사하고, 건실한 공동체도 곤두박질친다. 목회자가 열심히 안 하면 전도할 생각을 접고 마침내 교회 성장도 멈추게 된다.

교회마다 겉으로 보기에는 아름답고 건강해 보인다. 그런데 조금만 대화를 해 보면, 공동체 속에서 아파한다. 공동체를 싫어해서라기보다는 공동체를 사랑해서 그런 듯하다. 그렇다면 목회자가 더 이상 공동체 지체들을 실망시키지 않아야 할 것이다.

MZ세대는 개인의 영적 성장을 중요시한다. 물론, MZ세대만이 아니라 전 세대가 그런 것은 사실이다. 그런데 요즘 젊은 MZ세대는 예전처럼 모교회 개념이 강하지 않다. 고로, 영적으로 채워지지 않으면 쉽게 이탈할 수 있다. 이런 점을 염두에 두고 다음 세대의 영성 탱크를 채우는 것을 간과해서는 안 된다.

사실 기존의 집단 중심의 신앙생활이 이들의 기대를 충족시키지 못하는 경우가 많다. MZ세대들은 영적 갈망을 해결하기 위해 더 깊은 영적 경험을 원하며, 교회가 이에 부응하지 못할 때 자연스럽게 떠나게 된다. 한국기독교목회자협의회의 조사에 따르면 70% 이상의 청년들이 교회에서 개인적인 영적 성장이 부족하다고 느낀다고 했다.

🌑 공동체 소리를 들으며, 공동체 문화를 세워 가라!

"청년은 끼리끼리 문화조성이 중요하다고 생각해요. 저는 사실 교회 안에서 가장 힘들었던 게 성도의 목소리는 듣지 않고 그냥 '이렇게 하면 좋아하겠지?'라고 생각하고 하는 행사나 목장 편성이었어요. 리더와 목사님들끼리 회의를 거쳐 결정해야 하는 사안도 있지만, 공동체라고 함은 개인 한 명 한 명이 모여 만들어진 단체고, 그 개인이 어떻게 지내는가가 중요하다고 보는데 보살핌이 필요한 경우 그 보살핌이 필요한 대상의 목소리를 듣는 게 중요하다고 보거든요. 그런데 그런 상의나 동의 없이 결정되어 통보받을 때 누굴 위한 정책인지, 누굴 위한 목장 편성인지, 누굴 위한 행사인지 모르겠더군요."

MZ세대 10명이 스타벅스에 가면 각각 다르게 주문한다. 이건 빼주고, 이건 더 넣어 주고, 사이즈는 이렇게 하고 싶고, 알레르기가 있는 게 있어서 이건 빼 주고 등등 다양하게 주문한다. 예전

N86세대나 X세대와는 상당히 다르다. 개개인을 존중하고, 개개인의 소속감을 중요시한다.

청소년들이 많은 교회에는 청소년들이 온다. 역시 청년들이 몰려드는 교회에는 청년들이 온다. 왜 그럴까? 서로 모이면 다음 세대가 느끼는 공동체성이 있기 때문이다. 자신의 또래 친구들과 함께하고 싶은 마음이 크다. 이렇게 다음 세대가 모이면, 공동체성 그리고 공동체 문화가 형성된다. 다음 세대는 이런 분위기 자체로 안정감을 느끼거나, 매력을 가진다.

그런데 오늘날 수많은 교회는 이런 공동체성, 공동체 문화를 가지기 쉽지 않다. 우선, 공동체성이 만들어지려면 상당한 헌신과 희생이 필요하다. 그런 토양에서 서로 사랑하고 아껴주는 가운데 공동체 문화가 형성된다.

한 공동체는 교회를 떠나는 전통이 있었다. 임원단을 하거나 목양 섬김으로 섬기면, 연말에 교회를 떠나고 있었다. 선배들이 떠났을 때 이해하지 못했는데 이유와 원인은 있었다. 그러나 근본적인 대책이 없다 보니 좋은 공동체 문화보다 안 좋은 흐름이 그 속에 있었다.

　"저도 올해는 떠나려고요. 처음 섬길 때는 왜 사람들이 떠나는지 몰랐고 이해가 안 되었는데요 저는 교회 소모품인 듯해요. 이제 더 이상은 힘들어요. 저도 떠나고자 해요. 정말 공동체를 위해 헌신하고 뭔가 해 보려고 했는데 여기까지인 것 같아요…"

한 지체가 눈물을 흘리며 말했다. 그러자 옆에 있던 지체도 같은 말을 했다. 연이어 교회 공동체를 섬김이로 섬겼지만 남은 것은 상처, 그리고 번아웃(burn out) 밖에 없었다고 했다. 정말 할 말을 잃었다. 뭐라고 위로를 해 주어야 할지 몰랐다. 그런데 이런 교회가 한둘이 아니다.

젊은이들이 모여드는 '스레드(threads)'라고 하는 소셜 네트워크가 있다. 여기에 교회에서 받은 상처에 관해 물었다. 수백 명이 댓글을 남겨 주었다.

"열정페이 같은 봉사도 봉사지만 끼리끼리 문화 도저히 버티지 못해 나왔습니다."

여전히 위계적이고 형식적인 관계를 유지하고 있어 청년들이 소외감을 느낀다. 교회 내에서 청년들은 자신들의 목소리가 반영되지 않으며, 교회 지도자들로부터 존중받지 못한다는 인식이 강하다. 2023년 한국목회자협의회의 설문조사에서 청년 응답자의 67%는 교회 공동체 내에서 소외감을 느낀다고 답했다.

🌑 양 무리에 관심을 두자!

"세상에 속해 있는 청년들의 현실을 무시하는 목사님도 계세요. 덕분에 전 교회를 떠났고요. '목사님 덕분에 교회를 떠나서 지옥 가게 된다면 가겠습니다' 하고 울면서 청년부 예배실을 떠났던 옛날이 아직도 생생합니다."

사실 세상에서 공부하고, 일하는 다음 세대는 21세기를 아주 힘들게 살아가고 있다. 물론 목회자들과 교회 지도자들도 그런 삶을 살아가고 있다. 그렇다고 다음 세대도 그래야 한다는 꼰대 문화는 사라져야 한다. 나이가 더 많고, 지도자 자리에 있는 자가 먼저 손을 내밀어 주고 케어를 해야 한다. 그런데 생각보다 작은 공동체 안에서도 목양이 잘 이루어지지 않는 곳도 많다.

한 지체가 이런 말을 했다.

"20명도 안 되는 출석 인원 중 마음 어려운 친구들을 만나 달라고 하면 만나 주셨으면…. 사역자에게 심방을 부탁해도 상대방이 부담스러울 거라고 하는 답변이 가장 답답했었네요…. 그러고는 채워지는 건 없는데 일만 가져와서 '행사' 준비하자는 사역자…. 어쩌라는 건지…. ㅎㅎ"

성경은 목회자에게 무어라고 말씀할까?

"네 양떼의 형편을 부지런히 살피며 네 소떼에게 마음을 두라"(잠언 27:23).

게다가, 베드로전서 5장 2절은 양 무리를 치되 억지로 하지 말고 자원함으로 하고 무엇보다 더러운 이득을 위하여 하지 말라고 권면한다.

"너희 중에 있는 하나님의 양 무리를 치되 억지로 하지 말고 하나님의 뜻을 따라 자원함으로 하며 더러운 이득을 위하여 하지 말고 기꺼이 하며"(베드로전서 5:2).

왜 우리는 양 무리를 부지런히 살펴야 할까? 양 무리는 쉽게 상처를 입는다. 쓰러져 피를 철철 흘리고 있을 때가 있다. 한 지체는 왜 다음 세대를 케어해야 하는지에 대해 이렇게 말했다.

"가장 큰 건 청년들 마음에 구멍이 나 있고, 그걸 근본적으로 채워 줘야 하는 게 교회의 역할인데 그걸 못하는 교회가 많은 것 같아 요!"

오늘날 다음 세대는 중독, 우울, 상처에 빠져 있다. 가만히 있어도 중독이 자극하고, 우울감이 밀려온다. 크고 작은 말로 상처를 받고 쓰러진다.

최근 대한민국에서 은둔형 외톨이, 즉 사회적 고립을 선택한 청년들의 수가 급증하고 있다. 보건복지부에 따르면, 2023년 기준으로 19~39세 사이의 약 54만 명이 은둔형 외톨이로 추정된다. 이는 해당 연령대 인구의 약 5%에 달하는 수치다.

이들은 주로 취업 실패와 대인관계에서의 좌절로 인해 사회에서 멀어지며, 심리적 압박을 견디지 못해 자발적으로 사회적 고립을 선택하는 경우가 많다. 조사에 따르면, 이들 중 75%는 대학 학위를 보유하고 있으며, 약 6%는 10년 이상 은둔 생활을 이어오고 있는 것으로 나타났다.

은둔 생활을 하는 청년들의 60% 이상은 정신적 및 신체적 건강이 나쁘다고 보고하며, 75%는 자살을 고려한 적이 있다고 응답했다. 특히 반복되는 실패와 사회적 기대에 부응하지 못하는 상황이 이들의 고립을 더욱 심화시키고 있다.

🌑 사회적 문제에 대한 무관심을 개선하자!

현대 다음 세대들은 사회적 정의와 윤리적 책임에 높은 관심을 두고 있다. 교회가 이러한 이슈에 소극적으로 대응하거나 무관심할 때 교회를 떠나게 된다. 한국갤럽의 2022년 조사에서는 청년들의 85%가 교회가 사회적 문제에 적극적으로 대처해야 한다고 응답했다. 특히 젊은 층은 환경 문제, 성평등, 인권 등에 교회가 더 민감하게 반응하기를 기대하고 있다.

MZ세대는 사회적 책임과 반응을 중시한다. 고로, 교회가 이러한 문제에 대응하지 않거나 부정적인 태도를 보일 때 실망하고 교회를 떠난다. 2022년 한국목회리더십연구소의 조사에서는 청년들의 72%가 교회가 사회적 이슈에 대해 보다 명확한 입장을 취해야 한다고 답했다.

이를 위해 어떤 노력을 해야 할까? 7가지로 생각해 볼 수 있다.

첫째, 사회 정의에 대한 신학적 교육 강화가 필요하다

교회 내에서 사회 정의와 인권 문제에 대한 성경적 가르침을 강화함으로써, 신도들이 사회 문제에 대한 성경적 시각을 확립할 수 있어야 한다. 성경 속에서 선지자들이 외친 정의의 메시지를 현대적으로 적용하는 교육이 필요하다.

둘째, 지역 사회 봉사와 참여를 확대해야 한다

교회는 지역 사회의 문제를 해결하기 위해 울타리를 넘어 봉사와 협력의 활동을 강화할 필요가 있다. 지역 주민들과 직접적으로 접촉하고 필요를 파악하며, 교회의 자원과 인력을 활용한 봉사 활동을 통해 사회적 책임을 실천할 수 있다.

셋째, 사회적 약자 보호에 앞장서야 한다

교회는 고령자, 이주민, 장애인 등 사회적 약자들이 직면한 문제에 대해 깊이 있는 관심을 기울여야 한다. 이들을 위한 복지 프로그램을 마련하거나, 지역 사회의 복지 기관과 연계해 실질적인 지원을 제공할 수 있다.

넷째, 청년과 다음 세대에 대한 투자가 절실하다

실업, 주거 문제 등으로 어려움을 겪는 청년들에게 교회가 실질적인 지원과 상담을 제공할 수 있어야 한다. 이를 통해 교회가 청년들에게 사회적 안정망의 역할을 하며, 신앙의 성숙과 함께 사회적 책임감을 갖게 하는 것이 중요하다.

다섯째, 환경 문제에 대한 의식 제고가 필요하다

기후 위기와 환경 파괴는 전 지구적 문제로, 교회는 하나님의 창조 세계를 보전하는 책임을 지고 있다. 교회는 환경 보호 운동에 참여하거나 신도들에게 환경 문제에 대한 의식을 고취시키는 활동을 통해, 창조 질서를 존중하는 모습을 보여야 한다. 사실 다음 세대는 환경 문제에 상당한 관심이 있다. 교회가 이런 부분을 간과해서는 안 된다.

여섯째, 정치와 경제적 불평등 문제에 대한 교회의 입장 표명이 필요하다

교회는 정치적 중립을 지키되, 정의와 공의를 위한 목소리를 내야 한다. 특히 경제적 불평등이나 사회적 차별 문제에 대해 침묵하기보다는 사회적 공평과 정의를 실현하기 위한 담론을 제시하고 참여해야 한다.

일곱째, 가정의 역할을 강화하는 것이 중요하다

교회는 가정이 사회적 문제를 예방하고 해결하는 중요한 기초 단위임을 인식해야 하며, 이를 위해 가정 상담, 가정 세미나 등을 통해 건강한 가정을 세우는 일에 힘써야 한다.

◌ 목회자 리더십에 더 이상 스크래치를 내지 말자!

목회자 리더십에 관해서는 논해야 할 여러 가지가 더 있다. 도덕적 문제, 권위주의적 리더십, 재정 불투명성, 성 비위 이슈에서 기인한다.

한국 교회는 목회자 성 비위 문제로 몸살을 앓고 있다. 이런 문제를 일으키는 목회자들이 다수는 아니더라도, 이런 모습은 다음 세대로 하여금 교회를 떠나게 하고 있다. 게다가 목회자가 목회에 집중하지 않는 모습을 보일 때, 다음 세대는 교회 공동체에 대한 마음이 없어진다.

한 지체가 자신이 교회를 떠난 이야기를 했다.

"저는 5년 전 교회 목사님의 성적 스캔들 때문에 교회를 떠났어요. 솔직히 말하면, 저 같은 젊은 세대는 이런 소식에 굉장히 실망해요. 교회는 원래 신뢰와 믿음을 주는 곳이어야 하는데, 이런 일들이 터지면 그냥 크게 배신당한 기분이에요. 다들 알겠지만 사람은 누구나 실수할 수 있어요. 그런데 그 실수를 어떻게 처리하느냐가 진짜 중요한 것 같아요. 문제를 숨기려고 하거나 변명하는 게 아니라, 제대로 인정하고 책임지는 모습이 필요하다고 생각해요. 그렇지 않으면 그 신뢰는 쉽게 깨지기 마련이에요.

그 당시 그 목사님 문제는 교회에 적잖은 충격을 주었어요. 어른들도 교회를 떠났고, 저 같은 젊은 사람도 교회에 실망했어요. 그런데 그 목사님은 오히려 철면피로 자신에게는 문제가 없다는 듯 말하고 행동했어요. 결국 교회는 깨지게 되었고요. 교회 사람들은 두 패로 나뉘어졌어요. 목사님을 지지해야 한다는 사람들과 목사님이 나가야 한다는 사람들로. 저는 그냥 조용히 나왔어요. 그 뒤로 교회는 다니고 있지 않아요. 그래도 미디어로 이 교회, 저 교회 예배를 드리곤 있어요.

저는 진정성이 정말 중요하다고 생각해요. 그렇기 때문에 목회자가 잘못을 인정하지 않거나 문제를 투명하게 해결하지 않으면, 교회를 더 이상 신뢰할 수 없게 돼요. 저는 교회를 떠났지만 신앙을 버리지는 않았어요. 그렇다고 다시 교회로 가고 싶지는 않아요. 다른 목회자들도 다 거기서 거기인 것 같아요….

교회가 어떤 문제를 해결하려면, 진짜 솔직해지고 투명하게 나가야 해요…. 문제를 감추지 말고, 회복의 과정을 보여 줘야 해요. 그리고 성적 스캔들 같은 일이 다시 일어나지 않도록 구조적인 변화도 필요하고요. 아직도 그 당시를 생각하면, 마음이 힘들어요…."

MZ세대는 기존 리더십에 상처를 입기도 했다. 한국갤럽의 2021년 조사에 따르면, 19~29세 사이의 응답자 중 72%가 교회 지도자들에 대한 신뢰가 부족하다고 응답했다. 한국 교회는 대접이 엎어진 상황이다. 난장판이다. 그렇다고 포기해야 할까? 그렇지 않다. 그렇다면 우리는 어떻게 해야 할까? 부모 세대뿐만 아니라 다음 세대도 신뢰하고 감동 받을 수 있는 교회 공동체를 만들어 가야 한다. 이런 과정은 쉽지 않을 것이다. 그러나 그렇다고 포기해서는 안 된다.

CHAPTER 2

시대 흐름에 길을 잃어 가는 다음 세대

"다음 세대를 위한
이해와 전략이 있는가?"

현대 사회에서 다음 세대들은 급변하는 문화적 환경 속에서 성장하고 있다. 디지털 기술의 발달, 소셜 미디어의 확산, 그리고 다원화된 가치관 등은 다음 세대들의 사고방식과 행동양식을 깊이 형성하고 있다. 이러한 변화 속에서 다음 세대들에게 효과적으로 복음을 전하기 위해서 그들의 문화를 이해하고 존중하는 것은 필수적이다.

선교신학자 폴 히버트(Paul Hiebert)는 "복음이 문화적 배경에 맞게 전달되지 않는다면, 그 메시지는 쉽게 왜곡되거나 거부될 수 있다"고 말한다. 히버트는 복음이 각 문화 속에서 자연스럽게 뿌리내리기 위해서는 현지 문화에 대한 깊은 이해와 존중이 필요하다고 강조한다. 이와 마찬가지로 『다원주의 사회에서의 복음』을 저술한 영국의 선교신학자 레슬리 뉴비긴(Lesslie Newbigin)은 "복음이 현대 서구 문화와 어떻게 상호작용할 수 있는지 이해하는 것이 중요하다"고 주장한다. 뉴비긴은 서구 사회가 점차 다원주의적이고 상대주의적으로 변하고 있는 상황에서, 복음의 절대성과 보편성을 유지하면서도 그 문화 속에서 효과적으로 전달될 수 있는 방법을 고민해야 한다고 지적했다. 이들의 주장은 다음 세대 사역에도 그대로 적용되어야 한다. 문화는 복음을 전달하는 매개체로써 다음 세대들에게는 더욱 강력한 복음의 통로가 될 수 있다.

다음 세대 사역을 위한 문화 이해는 단순히 그들의 관심사를 파악하는 것을 넘어 그들의 언어와 상징, 가치관과 세계관을 존중하고 이를 통해 그들에게 다가가는 것이다. 이런 문화 이해에 기반한 사역은 다음 세대들이 복음을 자연스럽게 받아들이고, 신앙 속에서 성장할 수 있는 길을 열어 줄 가능성이 높다. 다음 세대 사역을 위해 문화에 대한 분석과 이해를 통해 효과적인 사역 전략을 모색해 보고자 한다.

◐ 한국 사회 현황과 다음 세대

현재 우리나라 상황들을 살펴보면 여러 난관에 봉착되어 있다. 그중 가장 심각한 문제로 언급되고 있는 것이 저출생이다. 2023년 기준으로 합계 출산율은 0.72명이었다. 세계 최저의 출산율로 한 국가가 유지되기 위해 필요한 최소한의 출산율인 2.1명에 턱없이 모자라는 수치이다. 올해 2024년에는 더 줄어든 0.68명으로 예상하고 있다. 저출생 문제는 노동력이 감소하는 것에 비해 고령화는 가속화되고 있고 이것은 복지비용의 증가로 예견되고 있다. 이 현상은 다음 세대들이 짊어져야 할 부담감이 계속해서 커지고 있다는 것을 의미하며, 이 문제는 세대 간의 갈등이 더 심화될 가능성이 높다. 저출생 문제와 관련하여 다양한 정책과 대안들이 발표되고 있지만 삶의 의미의 1순위로 물질적 풍요를 꼽는 우리나라의 상황을 볼 때, 무엇보다 가치관의 변화가 가장 시급한 문제로 보인다.

그다음으로 살펴보아야 할 문제는 학교 밖 청소년들의 수가 증가하고 있는 것이다. 학교 밖 청소년은 초·중·고교 입학 후 결석 기간이 3개월 이상인 청소년, 중·고교 제적·퇴학·자퇴 청소년을 의미한다. 한국청소년정책연구원의 자료에 따르면, 초·중·고교에서 학업을 중단한 학생은 2022년 기준으로 5만 2,981명이고, 학업 중단 등의 이유로 학교를 떠난 '학교 밖 청소년'의 수는 16만 8천 명으로 추정하고 있다. 더 심각한 문제는 학업을 중단하거나 학교를 그만둔 것에 있지 않다.

범죄에 노출되는 학교 밖 청소년 비율이 증가하고 있다. 2023년 6월 기준으로 검거된 소년 범죄자 3만 2,531명 중 1만 2,917명(39.7%)이 학교 밖 청소년으로 나타났다. 이 수는 2021년의 소년 범죄자 수 5만 4,074명 중 학교 밖 청소년 수 1만 9,519명(36%)의 기준으로 보면 2년간 소년 범죄자 수는 줄어들었으나 학교 밖 청소년의 범죄율은 증가하고 있음을 알 수 있다.[1] 이에 따른 학교 밖 청소년들을 보호하고 학업을 지원하는 대안과 정책들이 필요하다는 목소리가 커지고 있다.

다음은 이전에는 중요한 이슈가 되지 않았다가 코로나 상황을 겪으며 이슈가 된 '경계선 지능인'의 문제도 있다. 경계선 지능인이란, 지능지수(IQ)가 71~84인 사람을 일컫는다. 지적장애인보다 인지기능 및 사회적응 능력이 높지만, 정상인보다는 떨어지는 사람으로 '느린 학습자'라고 부르기도 한다. 2023년 국회입법조사처의 자료에 따르면 국내 경계선 지능인 인구는 약 700만 명으로 국민 전체의 13.6%로 추정하고 있고, 교육부 자료에 따르면 학령기의 경우 학급당 3명, 전국 80만 명으로 추산하고 있다. 경계선 지능 아동은 지적 수준이 낮기 때문에 대학입시에 맞춰진 한국 교육에서는 항상 뒤처진 존재가 될 수밖에 없으며, 사회성이 부족하여 학교폭력과 따돌림, 심지어 성폭력과 같은 위험에 쉽게 노출될 수 있다. 경계선 지능 아동들을 위한 적절한 교육과 체계적 지원을 위한 사회적 합의가 필요하다.

스마트폰 중독은 이미 오래전부터 문제점으로 대두되어 왔다. 과

---

1 중앙일보. "학업중단 5만명 · 학교 밖 청소년 17만명," 중앙일보, 2023년 11월 27일.

학기술정보통신부의 2022년도 스마트폰 과의존에 대한 실태조사 결과를 보면, 전년 대비 과의존위험군 비율이 대부분 감소했지만 청소년(만10~19세) 비율은 40.1%로 전년보다 3.1% 상승했다. 또한 스마트폰 과의존 연령대가 갈수록 낮아지고 있는 추세이다. 이들은 게임 및 영화·TV·동영상 이용량이 증가한 것으로 나타났다. 한양대 의대 연구팀의 조사에 따르면 하루 스마트폰을 4시간 이상 사용하는 청소년은 그렇지 않은 청소년보다 스트레스, 자살 생각, 약물 사용 등 행동 관련 건강 문제를 겪을 위험이 더 큰 것으로 나타났다.[2]

스마트폰에 중독된 청소년들은 집중력이 떨어지고 충동조절, 행동조절이 안 된다고 한다. 스마트폰에 중독되는 원인이 도파민의 영향이라는 분석이 있다. 도파민(dopamine)은 쾌락과 보상을 조절하는 신경전달물질로 스마트폰 자극은 도파민 용량을 치솟게 한다. 정신건강전문의들의 설명에 따르면 우리의 뇌는 항상성을 유지하려는 습성이 있는데, 비슷한 자극이 반복되면 도파민을 적게 생성하거나 도파민에 반응하는 수용체 수를 줄이게 된다. 뇌가 동일한 쾌감을 얻기 위해서 더 많은 자극을 필요로 하는 형태로 바뀌게 되는데 이때 중독이 발생할 수 있다는 것이다.

2　연합뉴스, "휴대전화 하루 4시간 이상 청소년, 정신건강·약물 위험 높다," 연합뉴스, 2023년 12월 7일.

이런 중독의 문제는 더 나아가 청소년 마약 문제와도 맞물린다. 청소년 마약사범의 수는 2023년도 기준으로 1,477명으로 전년도 481명에 비해 3배가량 증가했다. 관련 기사들의 내용을 살펴보면 마약 유통·거래 수법이 고도화되면서 청소년들 사이에서도 쉽게 유통되고 있으며, 다이어트약으로 홍보하는 SNS 메신저로 손쉽게 구할 수 있다. 마약에 빠지게 되는 경우는 단순 호기심도 있지만 스마트폰 중독과 같이 이미 뇌가 망가져 있는 청소년의 경우 더 강한 자극을 원하게 됨에 따라 결국 마약까지 손을 대게 되는 것이다. 최근에 청소년뿐만 아니라 우리 사회에 마약관련 사고들이 계속해서 증가하고 있는 이유는 스마트폰 중독과 연관되어 있는 것으로 볼 수 있다.

마지막으로 변화되고 있는 우리나라의 상황 중에 가장 두드러지는 것 중의 하나는 다문화 인구의 증가일 것이다. 법무부 출입국의 자료에 따르면 2023년 국내 체류 외국인은 전년 대비 11.7% 증가한 250만 7,548명이다. 이중 3개월 이상 장기체류를 위해 당국에 등록하거나 거소 신고를 한 외국인은 188만 명으로 드러났다. OECD의 기준에 따르면 내국인 귀화자, 내국인 이민자 2세 및 외국인 인구를 합친 이주배경인구가 총인구의 5%를 넘으면 '다문화·다인종 국가'로 분류되는데 우리나라는 현재 4.89%로 다문화사회로 전환되고 있다고 볼 수 있다. 여성가족부의 2023년 청소년 통계 자료에 따르면, 2023년 기준으로 9~24세 청소년 인구는 791만 3천 명으로 지난해보다 0.5% 감소한 수치이고 계속해서 줄어들 것으로 전망했다. 반면 다문화 학생은 꾸준히 증가하는 추세를 보이고 있다. 2022년 기준으로 다문화 학생 수는 총 16만 8,645명으로 전체 학생(528만 4천 명)의 3.2%를 차지했다. 이수는 10년 전에 비해 3배 이상 증가한 수이다. 다문화 학생의 수는 계속 증가하고 있는 현실 속에서 이를 위한 대안과 정책이 시급한 실정이다.

위의 통계지표들을 보면 우리 사회의 미래가 밝지만은 않다. 암울한 우리 사회의 상황 속에 한국 교회는 어떤 위치에 있을까? 2023년에 기윤실(기독교윤리실천운동)에서 발표한 자료를 살펴보면, 한국 교회 신뢰도는 21%로 우리나라 국민의 5명 중 1명만 한국 교회를 신뢰하는 것으로 나타났다. 2020년도 조사결과와 비교해 보면 10.8%나 더 떨어진 것이다. 우리나라 종교 가운데 가장 호감가는 종교는 카톨릭 24.7%, 불교 23.4%의 결과였지만 개신교는 16.2%로 두 종교에 비해 현저히 낮은 수준으로 나타났다. 한

국 교회의 신뢰도 회복을 위한 노력이 필요한 시점이다. 한국 교회 교회학교 현황과 관련해서는 정확한 지표를 찾기가 어려우나, 교단과 관련 기관들의 발표자료들을 토대로 추측해 보면 대부분 교단의 교회 78%가 영아부 주일학교가 없고 심지어 중고등부가 없는 교회도 47%에 달하는 것으로 보인다. 또한, 서울 및 주변 도심 교회의 43%는 교회학교 자체가 없는 것으로 추측하고 있다.

우리 사회에 여러 위기 문제들이 두드러지고 있는 상황 속에서 한국 교회는 신뢰도를 잃었고, 저출생 시대 속에서 교회학교의 규모도 계속해서 줄어들고 있다. 이러한 진퇴양난(進退兩難)의 상황 속에서 다음 세대에게 복음을 전하기 위해서는 뜨거운 복음의 열정과 더불어 철저한 세대문화 분석과 선교전략이 필요하다.

◗ 세대 구분의 이해

시대의 변화에 따라 자라 온 환경이 다르다. 이에 서로 다른 세대들 사이에 있는 감정과 가치관의 차이가 커지고 있다. 세대 구분은 사회학적, 경제적, 문화적, 심리적 연구와 분석에서 중요한 도구로 사용되며 주요 이유는 다음과 같다.

문화적 이해와 연구 _ 세대 구분은 각 세대가 자라난 시대적 배경과 문화를 이해함으로써 특정 세대가 가진 가치관, 신념, 행동 양식 등을 연구하고 이해할 수 있다.

사회적 변화 분석 _ 세대 간의 차이는 사회적 변화를 분석하는 데 중요한 역할을 한다. 각 세대가 경험한 역사적 사건, 기술적 발전, 경제적 변화 등이 사회 전반에 미치는 영향을 연구할 수 있다.

정책 개발과 계획 _ 정부와 정책 입안자들은 세대 구분을 통해 특정 세대의 필요와 문제를 파악하고, 이를 바탕으로 적절한 정책과 프로그램을 개발할 수 있다.

교육과 훈련 _ 세대별 학습 스타일과 교육의 필요성을 이해하여 교육 기관과 기업은 맞춤형 교육 프로그램과 훈련 과정을 설계할 수 있다. 이는 학습 효과를 극대화하고, 세대 간의 교육 격차를 줄이는 데 도움이 될 수 있다.

심리적 연구 _ 세대 구분을 통해 각 세대가 겪는 공통된 심리적 문제나 스트레스 요인을 연구할 수 있다. 이를 통해 세대별로 적합한 심리적 지원과 상담을 제공할 수 있다.

세대 구분은 단순히 나이로 사람들을 분류하는 것이 아니라, 각 세대가 겪은 경험과 환경을 이해하고 상호 소통하며, 이를 바탕으로 다양한 분야에서의 연구와 분석, 정책 개발, 마케팅 전략 수

립 등에 중요한 역할을 할 수 있다.

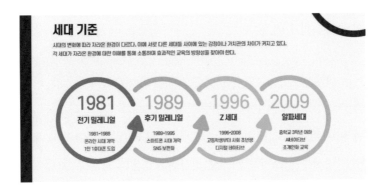

우리나라의 세대 구분의 경우 산업화세대부터 시작하여 베이비
부머와 X세대가 있지만, 온라인 기술이 시작된 시점부터 살펴보
면 1981년부터 1988년 출생자들을 전기 밀레니얼세대로 구분할
수 있다. 1981년도는 미국국립과학재단(NSF)이 컴퓨터 과학망을
개발하면서 아파넷(ARPAnet)으로 접속이 확장, 1982년에는 인터넷
프로토콜 스위트(TCP/IP)가 표준화되었고, 지금 우리가 사용하고
있는 월드와이드 네트워크 개념이 등장함에 따라 온라인 시대가
개막되었다.

1989년생부터 1995년생은 후기 밀레니얼세대로 1992년에는 세
계 최초 스마트폰인 IBM에서 제작한 사이먼(Simon)이 등장했다.
후기 밀레니얼세대에게 가장 큰 영향을 준 사건으로는 경제영역
에서는 2008년 금융위기, 교육영역에서는 수능등급제와 입학사

정관제, 그리고 기술영역에서는 스마트폰의 등장과 IPTV의 보급, 마지막 사회영역에서는 88만원 세대와 광우병 파동에 따른 첫 촛불집회 등이 있다.

1996년생부터 2008년생은 Z세대라 불린다. Z세대의 대표적인 특징이라면 바로 스마트 기기의 최대 수혜자라는 것이다. 2007년 아이폰이 출시되면서 스마트 기기의 시대가 열렸다. Z세대는 어려서부터 스마트 기기를 자유자재로 다루는 디지털 네이티브세대라 할 수 있다. 인터넷이 없는 세상을 단 한 번도 경험해본 적 없는 세대다. 이들 세대가 가장 필요로 하는 것이 큐레이션(Curation), 개별지도(Tutorship), 소통(Communication)이라는 자료들이 있다. 이들은 자신의 개성을 드러내기 위한 투자를 아끼지 않고, 유튜브와 같은 영상의 영향을 많이 받으면서 텍스트보다 영상을 더 선호하는 세대이다.

마지막으로 2009년 이후로 태어나는 세대를 알파세대라 한다. 이들은 스마트폰을 뛰어넘어 AI 네이티브세대이다. 이들은 현실과 온라인 세계를 자유자재로 오가며 성장했고, AI기술에 따른 개인화에 맞춰진 일상을 살아가는 데 익숙하다. 새로운 기술을 활용하는 데 매우 적극적이며, 단 한 명이 세상을 바꿀 수도 있다는 가능성을 늘 갖고 있다. 나이는 어리지만 능동적인 소비자이자 SNS를 통해 직접 돈을 버는 주체가 되기도 하며, 저출생의 영향과 이들의 부모 세대인 밀레니얼세대의 자녀에게 아낌없이 지갑을 여는 성향에 따라 소비를 주도하고 있다고 전문가들은 분석한다.

이렇게 다른 세대들은 태어나고 살아온 환경이 다르다. 따라서 그들이 생각하는 방식과 특별히 소통하는 방식은 완전히 다르다라는 것을 기억해야 한다. 다음 세대가 자라나면서 경험하고 있는 문화들을 분석하여 복음을 전하고, 신앙성장을 위한 소통 지점들을 찾아가는 노력이 필요하다. 기존의 일방적인 방식의 접근이 아닌 이들의 문화에 대한 이해와 존중을 통해 복음이 깊이 뿌리내릴 수 있는 기회를 만들어 가야 한다.

◐ 다음 세대 문화 트렌드 분석

현재 청소년들에 관한 트렌드 분석 자료들을 통해 보여지는 주요 키워드는 '하이퍼 퍼스낼리티, 갓생, 호모 프롬프트, 육각형 인간, 도파밍' 등이 있다. 이 외에도 대학내일20대연구소의 2023년 보고서에서는 '갯(Get)생, 왓츠인마이백, Z-ourney, 잼테크, 쇼트폴리오' 등의 키워드를 뽑았다. 각 키워드를 살펴보면 다음과 같다.

하이퍼 퍼스낼리티
'하이퍼 퍼스낼리티'를 우리말로 바꾸면 '초개인화'이다. 하이퍼 퍼스낼리티는 '나를 중심으로 돌아가고, 자기 유형화 시대를 살아가는 유형'을 의미한다. 현재 자라나는 다음 세대의 환경을 보면 코딩교육을 받으며 자라고 있고, AI가 일상화된 시대를 살아감을 통해 개인화된 서비스를 익숙하게 사용하고 있다. 특히 AI 기술의 알고리즘을 통해 개인에 맞춰진 서비스를 제공받기에 자신을 중심으로 돌아가는 환경에 늘 노출되어 있다. 그렇기에 현재 다음 세대를 하이퍼 퍼스낼리티 세대라 말할 수 있다.

갓생

'갓생'이란 신을 뜻하는 '갓'(god)과 삶을 의미하는 '생'(生)이 합성된 신조어로 '매일 생산적인 계획을 세우고 실천함을 통해 일상을 더 괜찮은 상태로 유지하려는 유형'을 뜻하는 말이다. 코로나 팬데믹 이후 무너진 일상을 다시 세우는 데 집중하려는 움직임들이라 할 수 있다. 이전에는 "인생은 한 번뿐이다(You Only Live Once)"의 의미를 가진 욜로(YOLO)의 삶의 방식이 있었다면, 이제는 '적어도 오늘은 잘 보냈다'라는 성취감을 얻는 데 집중하는 삶의 방식이 대세를 이루고 있다.

호모 프롬프트

트렌드코리아 2024에서는 인공지능 문해력을 갖춘 인간에 관한 키워드로 '호모 프롬프트'를 설명했다. 호모 프롬프트란, 인공지능과 대화와 소통을 통해 새로운 창의력과 혁신을 이끌어 낼 수 있도록 인공지는 기술을 효과적으로 사용하는 인간의 능력을 뜻한다. 인공지능 기술이 발전함에 따라 인간의 노동력을 필요로 하는 곳이 점차 줄어간다는 것을 의미하기도 한다. 그러나 인공지능을 통해 더 나은 결과물들을 만들어 내거나, 인공지능의 기술적 한계를 보완하고 개발하는 인간적 능력이 더 중요시되고 있다. 따라서 스스로를 돌아볼 줄 아는 능력인 '메타인지'가 더 중요시된다고 시사했다.

육각형 인간

육각형 인간은 외모, 집안, 직업, 자산, 학력, 성격 등 이 여섯 개의 축 그래프가 모두 꽉 찬 상태의 사람을 뜻한다. 연예인이라면 노래와 춤 그리고 외모뿐만 아니라 집안 배경까지도 좋아야 한다는 것이다. 이것은 지금 우리 사회에서의 성공은 노력으로 성취할 수 있는 요소보단 타고나야 하는 요소가 훨씬 더 큰 비중을 차지한다는 의미이고, 계층 상승의 가능성이 낮아진 현실에 대한 좌절의 표현으로 볼 수 있다.

도파밍

도파밍이란 뇌의 신경전달물질인 '도파민(dopamine)'과 수집한다는 뜻을 갖고 있는 게임용어 '파밍(pharming)'의 합성어로, 재미와 즐거운 경험을 하기 위해 적극적으로 행동하는 것을 의미한다. 랜덤박스와 같은 예측할 수 없는 상황을 즐기는 것, 상식을 깨는 행동, 무모한 도전뿐만 아니라 조금은 가학적인 행동을 통해 죄책감을 느끼면서도 그 상황을 즐기는 것 등의 종류가 있다. 다만 소소한 즐거움을 느끼는 것을 넘어 도파민을 분출할 수 있는 더 자극적인 콘텐츠와 프로그램들이 경쟁적으로 쏟아져 나오는 현상은 정신 건강을 저해하는 등의 우려되는 부분이 많이 있다. 이러한 도파밍 환경에서 벗어나기 위해 자극적인 디지털 콘텐츠를 줄이고자 하는 노력들도 있다.

다음 세대 트렌드에 대한 다양한 키워드들이 존재하고 있다. 이전엔 메가 트렌드가 존재하였다면, 이제는 초개인화 되어 가는 시대 속에 한 세대 전체를 대표할 수 있는 메가 트렌드라는 의미가 희미해져 가고 있다. 그럼에도 개별화되어 가는 트렌드 문화 속에서 그런 문화를 작용하게 만드는 핵심 요소들을 파악하고 다음 세대 사역에 적용할 수 있어야 한다.

다음 세대 사역을 위한 핵심 요소들은 무엇일까? 먼저는, 경험의 가치를 높여 갈 수 있는 사역전략이 필요하다. 이미 많은 기업들은 오래전부터 EX가 붙는 부서들을 신설하여 소비자의 경험에 집중하고 있으며, 소비자의 경험을 넘어 직원의 경험(Employee eXperince) 또한 기업 경쟁력의 요소로 인식되고 있다. 많은 기업들은 팝업 스토어를 통한 마케팅 전략을 펼치고 있다. 팝업 스토어란, 특정 공간에 짧은 기간 동안 운영되는 매점이라 할 수 있다. 온라인으로도 해당 기업의 물품을 충분히 구매할 수 있지만, 특정 공간을 해당 브랜드의 메시지로 가득 채우고 방문자의 오감을 자극할 수 있는 장치들을 통해 브랜드 이미지를 자연스럽게 받아들이게 하는 것이 팝업 스토어의 목적이라 볼 수 있다. 그리고 이런 팝업 스토어는 많은 청년과 다음 세대들이 즐겨찾는 공간이 되었다. 이를 통해 경험의 가치를 온라인이 제공하는 편리함보다 더 높게 평가하고 있다는 것을 알 수 있다.

직접 경험을 통해 자신의 삶의 만족도를 완성해 가듯이 다음 세대들이 신앙의 영역에서도 직접적인 경험들을 쌓아 갈 수 있는 대안이 필요하다. 경험된다는 것은 인간의 감각기능을 작동시킬 수 있는 요소들이 필요하다는 의미이다. 현재 매주 주일에 드려지는 예배가 관전만 하는 예배가 아닌 감각기능들을 통해 경험될 수 있도록 디자인되어야 한다.

두 번째는, 자신이 좋아하는 취미나 일에 깊이 파고드는 행동을 의미하는 '디깅(Digging)'이다. 이전 시대와 다르게 포털 사이트를 통해 많은 정보를 얻을 수 있기에 광범위한 지식을 축적하기보다는 자신의 취향에 맞는 분야를 깊게 파고드는 것을 선호한다. 이런 특성을 통해 신앙교육의 영역에서도 스스로 깊이 파고들 수 있도록 안내가 필요하다. 일방적인 주입 방식의 교육이 아니라 하나님의 말씀을 스스로 생각해 보고, 관련된 자료들을 직접 찾아보고 연구할 수 있도록 신앙교육의 주제와 방식들을 다양화 해

나가는 노력이 필요해 보인다.

세 번째는, 'ESG감수성'이다. 이미 ESG(Environmental, Social, Governance) 경영은 기업 경영의 필수요소가 되었다. 그에 반해, 교회는 ESG 에 대해 크게 반응하지 않는 듯하다. 이미 많은 다음 세대들이 공 존을 위해 기후환경 문제를 비롯한 사회정의에 관해 관심도가 높 아졌다. 이에 관해 민감하게 반응하고 있다. 또한 다양성을 존중 하는 목소리를 불편해 하지 않는다. 이런 변화에 따라 수직적인 의사소통 방식과 다양한 의견을 받아들이지 않는 상황들, 특히 다음 세대를 위한다 하지만 다음 세대의 의견이 반영되지 않는 상황이 반복되어 왔던 교회 문화는 반드시 변화되어야 한다. 교 회의 사회적 감수성을 높여야 하고, 다음 세대 사역자들은 특히 언어적 감수성을 높여야 할 필요가 있다.

교회마다 상황과 환경이 다르기에 특정 사역 방법을 일반화하여 적용할 수 없는 것이 현실이다. 그렇기에 트렌드를 분석하고 그 에 따른 신앙적 대안들을 다양하게 만들어 가야 하는 사명이 교 회에 있다. 또한 함께 모여 연구하고 고민하며 대안적 사역들을 만들어 가고 그 내용을 서로 공유하며 나눌 수 있는 플랫폼도 필 요하다. 이러한 노력들을 통해 다음 세대가 이 세대를 본받는 것 이 아니라 마음을 새롭게 함으로 변화를 받아 하나님의 선하시고 기뻐하시고 온전하신 뜻이 무엇인지를 분별(롬 12:2)하며 살아낼 수 있는 세대가 되도록 함께 노력해야 한다.

◉ 다음 세대 사역을 위한 교회의 의미와 역할

지금 우리는 어떤 시대에 살아가고 있는가? 호세 카사노바(José Casanova), 유르겐 하버마스(Jürgen Habermas)와 같은 종교사회학자들의 연구에 따르면 오늘날 사회를 '후기세속사회'라고 말한다. '후기세속사회'란, 종교의 도덕과 윤리와 같은 종교 기원적 가치에 주목하고 변화되는 사회 속에 종교의 새로운 공적 역할이 요청되는 사회를 뜻한다. 미국의 종교사회학자로 잘 알려진 피터 버거(Peter Berger)도 산업과 도시화의 발전으로 더 이상 종교는 공공영역에서 기능을 발휘하지 못할 것으로 예측했지만, 그 주장을 철회했다. 현재 우리 사회가 종교에 요청하는 것은 개인차원의 신앙에만 머무는 것이 아닌 공공영역에서의 역할이라는 것이며 종교의 역할을 필요로 하고 있다는 것이다.

이런 변화 속에서 교회는 기존의 의미와 역할에만 머무는 것이 아닌 교회의 본질에 대한 재해석을 통해 시대적 요청에 응답할 수 있어야 한다. 위에서 언급했듯이 다음 세대는 공존을 위한 ESG감수성이 필수 요소가 되었다. 따라서 이제는 공공영역에서 교회의 의미와 역할이 무엇인지 좀 더 심도 있게 고민하고 정립하여 시대의 요청에 응답할 수 있는 사역을 만들어 가야 할 때이다. 특히 비신자들 그리고 다음 세대가 바라고 생각하는 교회의 의미와 역할은 무엇이어야 할지도 고민해야 한다.

교회의 의미를 생각해 보면, 교회는 헬라어인 '에클레시아(ecclesia)'에 기초하여 '부르심 받은 사람들'이라는 의미를 갖고 있다. 지난 팬데믹을 지나며 교회의 의미를 다시 고민하기 시작했다. 모이는 교회로서의 역할이 중단된 상황 속에서 흩어지는 교회로서의 역할도 잘 감당할 수 있는지 확인되는 시간이었다. 모두가 다 그렇다고 단정할 수 없지만 흩어지는 교회로서의 역할을 잘 감당하도록 준비되지 못했다는 것이 드러났다. 이런 점을 확인하고서도 팬데믹 이후 기존의 모이는 교회만 다시 강조하는 분위기들이 여전하다. 그러나 교회가 부르심 받은 사람들이란 의미에 근거한다면, 모이는 교회도 중요하지만 흩어지는 교회로서 살아낼 수 있도록 돕는 일에도 많은 노력이 필요하다. 진정한 의미로서 교회는 일상에서 신앙과 무관하게 살아가다 주일에만 교회에 모여 예배하는 것이 아닌, 일상을 교회로 살아낸 이들이 함께 모일 때이다. 따라서 모이는 교회만큼 흩어지는 교회에도 집중하여, 다음 세대가 일상에서도 교회로 살아갈 수 있도록 도울 수 있는 방안을 고민하고 세워 가야 한다.

다음으로 생각해 볼 것은 교회만이 할 수 있는 고유의 역할을 되찾아야 한다는 것이다. 성결대 문화선교학과 윤영훈 교수는 '줌

노는 청년들의 놀이터로서 교회'라는 글에서 교회가 놀이하는 공동체인 '에클레시아 루덴스(ecclesia ludens)'가 되어야 한다고 설명한다.[3] 교회가 삶의 즐거움을 회복하는 놀이마당이어야 하고, 그것은 꼭 재미만이 아닌 예언자적 통렬함으로 영혼에 울림을 전달해야 한다고 말한다. 교회가 일상에 지친 이들에게 다시 삶의 본질적 즐거움을 회복할 수 있도록 돕고, 단순한 오락적 재미와 쾌락이 아닌 참된 진리를 마주함으로 얻는 기쁨을 제공할 수 있어야 한다. 또한, 다음 세대에게 존재의 가치를 깨닫게 하고 살아가야 할 의미를 부여하며 하나님 나라의 백성이라는 정체성을 회복할 수 있도록 돕는 교회 고유의 역할을 되찾아야 한다. 더 나아가 일상을 바쁘게 살아가는 다음 세대를 비롯한 현대인들이 잠시 쉬어갈 수 있는 안식처로서 참된 쉼을 제공할 수 있는 공간과 프로그램들 또한 준비될 필요가 있다.

구약학자 월터 브루그만(Walter Brueggemann)은 "현대사회는 개인적 탐욕과 제국적 독점 자본이 사람들을 경쟁으로 몰아가고 이웃과의 관계를 불가능하게 만들었다"라고 비판한다.[4] 제국의 논리 속에 살아가는 다음 세대에게 교회는 하나님 나라의 샬롬을 선포함으로 이리가 어린양과 함께 살고 어린아이가 독사의 굴에 손을

3 윤영훈, 「좀 노는 청년들의 놀이터로서 교회」, 『흩어진 MZ세대와 접속하는 교회: 메타버스 시대의 목회와 선교』, 두란노, 2023, p133.
4 월터 브루그만, 『예언자적 상상력』, 옮긴이:김기철, 복있는사람들, 2009.

넣어도 상함이 없는 것과 같은(사 11:6-9) 세상을 꿈꾸며 흩어진 교회로서 그 사명을 잘 감당할 수 있도록 도울 수 있는 사역들이 더 많이 개발되어야 한다.

◐ 네 가지 관점에서의 다음 세대 사역 제안

다음 세대 사역을 위한 핵심 키워드로 EX시대, 디깅, ESG감수성을 앞서 언급했었다. 다음 세대는 직접적인 경험을 통해 자신의 삶의 만족도를 완성해 가고, 좋아하는 분야에 대해 탐구하고 알아가는 과정 자체를 놀이처럼 즐기고, 공존을 위해 민감하게 반응하고 이해하려는 성향이 높다. 이러한 트렌드에 맞춰 다음 세대 사역을 어떻게 접목하고 준비해야 할까? 네 가지 관점에서 사역 접근 방안을 제안하고자 한다.

경험적 접근

최근 뉴트로(New-tro)가 열풍인 분위기다. 뉴트로는 '새로움'과 '복고풍'이 합쳐 만들어진 단어로 옛 스타일을 현대적으로 재해석하는 것을 의미한다. 옛 전통적인 것들을 다시 현대적으로 재해석하려는 붐이 일어나고 있다. 이것은 우리 신앙 안에서 특히 예배의 영역에서 충분히 재고해 볼 가치가 있다. 비신자들을 위해 대중문화의 형식에 기독교를 입히는 기독교문화의 방식보다 기독교 역사 속에 갖고 있는 좋은 전통들을 발굴하고 그것을 현대적으로 재해석하는 노력이 필요하다. 최근 예배를 보면, 특히 다음 세대 예배는 경배와 찬양이 중심되는 예배가 주를 이룬다. 그러나 예전(禮典)의 형식을 갖춘 예배를 통해 종교적 신비를 경험할 수 있도록 하고, 신앙의 본질에 대한 성찰을 할 수 있는 기회를 제공하는 것 또한 필요하다. 단순히 예배 순서만의 도입이 아니라 예배 공간도 예전에 집중할 수 있도록 변화를 주어야 한다.

이와 관련해서 좋은 예로는 장로회신대학교에서 드리는 채플이 있다. 절기 또는 특별한 의미가 있는 날에는 채플 시간에 예전의 의미와 방식을 재해석하여 예배를 드린다. 예배 순서와 형식만 변화를 주는 것이 아닌, 예배 장소에도 십자가와 촛불, 천과 같은 도구를 활용하여 변화를 준다. 기독교 전통에 대한 재해석을 통해 늘 반복적인 예배에 변화를 줌으로써 종교적 신비를 경험할 수 있는 시간이 될 수 있다. 예배는 물론 그 외에 다양한 방식의 기독교 전통을 재해석하여 경험할 수 있는 기회들을 제공할 수 있어야 한다.

놀이적 접근

대중문화의 형식에 기독교를 입힌 것을 기독교문화라 한다. 복음을 모르는 이들, 특히 다음 세대와 소통하기 위해 문화적 접근은 필수요소이기도 하다. 그러나 기독교 안에서 문화적 접근의 핵심은 단순히 대중문화를 흉내내는 것이 아니다. 대중문화의 형식은 취하지만 도파민만 자극하는 것이 아닌 예언자적 통렬함의 기쁨을 경험할 수 있도록 구성되어야 한다. 성경 안에서 선포되고 있는 진리를 담아내야 한다. 특히 초개인화되어 가고 있는 다음 세대가 공동체의 의미를 배우고 경험할 수 있도록 해야 한다. 그리스도의 한 몸 된 공동체가 무엇인지 경험할 수 있도록 해야 한다. 교회 사역에서는 수련회와 같은 특별한 일정들에 이러한 접근을 극대화해야 한다. 보통 수련회에서 레크레이션 또는 공동체 활동들을 보면 친목을 다지는 데 집중되어 있다. 그러나 이런 프로그램을 기획하면서 그 안에 복음의 메시지를 통해 스토리가 담겨질 수 있도록 해야 한다. 게임이 게임으로만 끝나는 것이 아니라 프로그램들 속에 수련회를 통해 전달하고자 하는 메시지가 담겨질 수 있도록 기획된다면 얻을 수 있는 효과는 배가 될 수 있다. 놀이로만 그치는 것이 아닌 그 안에 가르치고자 하는 진리가 전달될 수 있도록 좀 더 세심한 고민이 필요하다. 반면 우려스러운 점은 복음의 본질을 깨달을 수 있게 하되, 재미의 요소들도 결코 배제할 수 없음을 기억해야 한다는 것이다.

공감적 접근

매 주일 드려지는 예배의 형식을 보면, 일방적 소통의 방식이 주를 이룬다. 예배가 끝나면 공과시간이 있지만 이 시간에도 말씀에 관한 생각들을 서로 나누기보다는 교사의 일방적인 가르침을 배우고 마칠 때가 대부분이다. 그마저도 짧은 시간 안에 진행된다.

그렇다 보니 다음 세대가 말씀에 대한 호기심 또는 궁금증을 갖고 생각해 볼 수 있는 기회조차 없다. 물론 아이들 특성상 빨리 끝내고 자유를 얻고자 하는 성향들도 강하다. 이런 상황 속에서 말씀에 대한 깊이 있는 가르침이 이뤄질 것이라고 기대하기는 어렵다. 사도행전의 초대 교회 모습을 상상해 본다면, 어떤 형식에 맞춰 드리는 예배가 아닌 자신들의 삶과 생각을 나누는 방식으로 이루어졌을 것이다. 이것을 생각해 본다면 다음 세대가 말씀에 대해 먼저 생각하고 자신의 생각을 정리하고 나눌 수 있는 방식의 예배 형식도 가능하다고 생각된다. 사역자의 설교를 듣기만 하고 가는 것이 아니라, 먼저 성경 본문을 읽고 묵상하고 그것을 정리해서 함께 나누는 방식을 통해 예배에 좀 더 참여하도록 할 수 있다.

이러한 예배에 관련해서는 필자가 청소년 사역을 하면서 실제로 이 예배를 기획하고 실행한 경험이 있다. 당시 '나눔 예배'라는 이름을 붙이고 매월 마지막 주 주일에 드렸다. 이날은 반별모임으로 먼저 모이게 했다. 또한 초대 교회 교인들이 떡을 나눴던 것에서 아이디어를 착안하여 아이들이 교회에 올 때 친구들과 나눠 먹을 수 있는 간식을 준비해서 오게 했다. 시간이 지나면서 다양한 간식들을 준비해 오는 것을 보았고, 아이들이 음식을 같이 나눠 먹으니 대화의 긴장감도 많이 낮춰진다는 것을 알 수 있었다. 주일 당일에 아이들과 묵상할 성경 본문은 그 전 주에 담당 교사들과 동일한 방식으로 먼저 진행을 한다. 교사들이 먼저 성경 본문에 대한 묵상을 나누고 그것을 정리하여 나눔 예배 시, 아이들과 풍성한 나눔을 할 수 있도록 준비했다. 이런 준비는 교사가 아이들을 일방적으로 가르치려는 것이 아닌, 아이들이 다양한 관점에서 말씀을 생각해 볼 수 있도록 돕는데 목적이 있다. 이 시간에 교사의 역할은 안내자의 역할로만 제한을 두었다. 40분 정도 반별모임을 진행한 후, 예배장소로 모인다. 그리고 각 반별로 돌아가면서 대표 학생 한 명이 자신의 반에서 나눈 묵상 내용을 발표할 수 있게 했다. 각 반별 발표가 다 마무리되면, 사역자가 나와 본문 말씀과 각 반에서 발표한 내용을 종합적으로 정리해서 5분 안에 메시지를 마무리했다. 그리고 이후 시간에는 학생회 임원들이 나와 각종 이벤트들을 진행할 수 있도록 했다. 이러한 나눔 예배를 통해 청소년들의 성장과 변화를 경험했다. 자기 스스로 말씀에 대해 생각해 보면서 말씀에 대한 관심도가 높아져 가는 것을 보았다. 또한 아이들이 무엇에 관심이 있고 어떤 것을 고민하고 있는지를 알아 갈 수 있는 시간이었다. 그리고 이 예배를 통해 묵상훈련 및 제자훈련 참여로 이어질 수 있었다.

일상의 접근

이것은 이미 많은 사역자들이 진행하고 있는 큐티 및 기도모임이다. 이전 인스타그램의 대표 태그 키워드 중에 '오운완(오늘 운동 완료)'이 있었다. 매일 일상을 좋은 경험으로 쌓아 가고자 정해 놓은 운동목표를 채워 가고 그것을 인증하는 것이 하나의 유행이었다.

신앙교육에 있어서도 오운완과 같은 다음 세대가 좋은 신앙적 경험을 쌓아 갈 수 있도록 돕는 방안이 필요하다. 하루 하루 주어진 신앙적 미션을 수행하고, 그것을 인증하고 경험을 나눌 수 있는 장을 만들어 줌으로써 신앙생활에 더욱 관심을 갖고 스스로 신앙 성장을 위한 노력을 할 수 있도록 도와야한다. 이것은 어떤 제안으로만 되지 않는다. 사역자 및 교사가 먼저 일상에서 좋은 신앙적 경험을 쌓아 가는 것을 보여 줄 수 있는 모델이 되어 줄 때 가능할 수 있다.

다양한 방식의 예배와 신앙교육 방법들을 계속해서 연구하고 개발해야 한다. 사람은 태어난 환경과 자라 온 과정에 따라 각자 다른 성향을 갖고 있다. 각자 성향이 다른만큼 신앙에서도 다름이 있음을 인정해야 한다. 누군가는 찬양을 통해서, 또 누군가는 말씀묵상을 통해서 하나님을 경험하고 그 신앙의 깊이가 깊어질 수 있다. 그러나 매주 드려지는 주일예배의 모습을 보면 별다른 변화 없이 같은 형식으로만 드려지는 곳이 더 많다. 예배에도 다양한 관점에서 접근하고 변화를 주어야 한다. 사람의 다양한 성향만큼 하나님을 경험할 수 있는 접촉점을 제공하기 위한 다양한 방식의 예배와 사역이 준비되어야 한다. 교회가 갖고 있는 상황과 환경을 분석하고 그 상황에서 만들어 갈 수 있는 사역들에 관해 다양한 관점에서 고민해 보고 좋은 사역들을 세워 가야 한다. 더 나아가 교회 공간과 사역에 활용되는 주보와 포스터 및 안내지 등에 감각

있는 디자인을 입히는 것도 필요하다. 차를 한잔 마시기 위해서도 허름한 곳을 가기보단 공간이 예쁜 곳을 찾아가게 된다. 마찬가지로 다음 세대들이 모이는 교회 공간을 그들이 좋아하는 감성으로 바꿔야 할 필요가 있다. 또한, 주보나 수련회 포스터와 같은 문서뿐만 아니라 사역에 사용되는 용품들에도 의미와 감각적인 디자인을 입힌다면 소모되는 자원이 아닌 간직하고 싶은 기념품이 될 수 있다. 교회 SNS의 경우도 디자인 요소를 고려한다면 요즘 말로 '힙'한 감성을 통해 다음 세대들이 관심을 가질 수 있도록 할 수 있다. 결국 다음 세대 사역은 조금 더 고민하고 그들의 문화 감성을 읽어냄으로써 효과적인 사역이 될 수 있다. 이러한 사역의 노력들을 통해 다음 세대들이 하나님의 아들을 믿는 것과 아는 일에 하나가 되어 온전한 사람을 이루어 그리스도의 장성한 분량이 충만한 데까지 이를 수 있게 되기를(엡 4:13) 기대해 본다.

◖ 다음 세대와 미디어 사역

다음 세대 문화에 대한 접근을 위해서는 미디어 사역은 이제 빼놓을 수 없는 영역이 되었다. 이제 미디어는 다음 세대 문화를 읽어내고 이들과 소통하며 복음을 전할 수 있는 선교의 장이 되었다. 따라서 다음 세대가 주로 활용하는 소셜 미디어 플랫폼과 즐겨보는 콘텐츠들을 분석하여 미디어를 통한 선교적 접근 방법을 고민해 볼 수 있다.

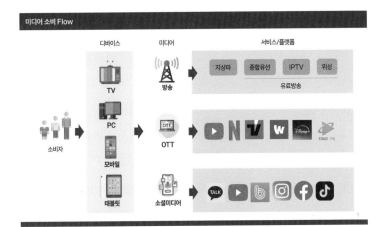

미디어 소비 Flow[5]

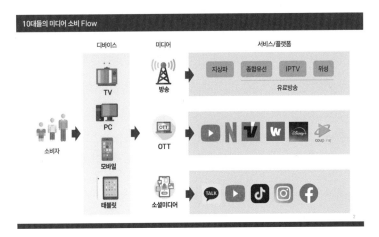

10대들의 미디어 소비 Flow

5   Expert Market Research, "South Korea Online Video Platforms Market Size 2024−2032,"
    2024.

먼저 미디어 소비 현황을 살펴보면 다음과 같다. 미디어 서비스 플랫폼의 대표적인 것으로 OTT가 있다. OTT는 'Over-The-Top'의 약자로, 인터넷을 통해 직접 소비자에게 제공되는 미디어 서비스 및 콘텐츠를 의미한다. OTT 서비스를 통해 소비자는 케이블이나 위성방송과 같은 전통적인 방송 시스템을 통하지 않고, 인터넷을 통해 다양한 디지털 콘텐츠를 시청할 수 있다. 주요 OTT 서비스로는 넷플릭스, 쿠팡플레이, 티빙, 웨이브, 디즈니플러스 등이 있다.

OTT는 인터넷을 통해 소비자에게 직접 콘텐츠를 제공하는 서비스로, 전통적인 방송 시스템을 거치지 않고 다양한 디바이스에서 접근할 수 있는 것이 특징이다. 이를 통해 사용자들은 더 큰 유연성과 선택권을 가지며, 자신에게 맞는 콘텐츠를 편리하게 소비할 수 있다. OTT 플랫폼이 일반인들이 콘텐츠를 소비만 할 수 있다면 소셜 미디어는 다양한 방식으로 소통할 수 있는 플랫폼이다. 소셜 미디어 플랫폼을 살펴보면, 카카오톡, 유튜브, 틱톡, 인스타그램, 페이스북 등이 있다. 소셜 미디어 플랫폼에서는 상호소통과 콘텐츠의 생산 및 소비가 동시에 일어날 수 있다는 특징이 있다. 그리고 제일 많이 활용되고 있는 유튜브의 경우 OTT와 소셜 미디어 플랫폼의 기능을 다 갖고 있다.

팬데믹이 미친 영향을 고려한 2021년 한국의 동영상 플랫폼 이용 보고서[6]에 따르면, 온라인 동영상 시청률은 96.7%로 증가했다(2020년에는 94.6%). 거의 모든 사람들이 동영상 시청을 즐기고 있으며, 일일 평균 시청 시간은 전년 대비 20% 증가하여 94.9분에서 113.8분으로 늘어났다. 유튜브는 91.8%의 이용률로 가장 선호되는 플랫폼으로 나타났으며 단순한 감상 목적 외에도 정보 검색의 도구로도 많이 사용되고 있다. 정보 검색 이용률이 2019년 44.9%에서 2020년 55.3%, 2021년 57.4%로 지속적으로 증가하고 있는 것을 보면 유튜브의 검색 기능이 확장되고 있음을 알 수 있다. 특히 유튜브의 정보 검색 이용률이 48.6%인 구글보다 높아진 점은 주목할 만한 변화이다. 유튜브는 성인들뿐만 아니라 다음 세대들이 가장 많이 이용하고 있는 플랫폼으로써 속성에 대해 좀 더 알아보면 다음과 같다.

소셜 미디어로써의 유튜브는 사용자들이 동영상을 업로드하고 댓글을 달고 공유할 수 있으며, 이것은 소셜 미디어의 핵심 기능 중 하나이다. 또한 커뮤니티 기능으로써 사용자들 간의 상호작용, 구독, 댓글, 좋아요 등의 기능을 통해 소셜 네트워킹이 가능하다. 유튜브의 동영상은 다른 소셜 미디어 플랫폼에서도 공유될 수 있어, 사용자들이 자신의 네트워크를 통해 콘텐츠를 확산시킬 수 있는 특징을 가지고 있다. 반면, OTT 플랫폼으로써 유튜브는

---

6   한국인터넷진흥원, "2021년 한국의 동영상 플랫폼 이용 현황," 2021. (Online Video Platform Usage in South Korea 2021 Report).

인터넷을 통해 비디오 콘텐츠를 스트리밍하는 서비스를 지원한다. 팬데믹 상황으로 대면 예배가 중단되었을 때, 많은 교회들이 유튜브를 통해 예배를 스트리밍했고, 지금도 유튜브를 통해 예배 스트리밍을 하는 교회들이 늘어나고 있다. 유튜브 프리미엄을 통해 광고 없이 동영상을 시청하거나 유튜브 오리지널 콘텐츠를 제공하는 점에서 넷플릭스와 같은 OTT 플랫폼과 유사하며, 스마트폰, 태블릿, 스마트 TV 등 다양한 기기에서 유튜브 콘텐츠를 스트리밍할 수 있다. 유튜브는 소셜 미디어와 OTT 플랫폼의 요소를 모두 포함하고 있다. 사용자 생성 콘텐츠와 커뮤니티 기능을 통해 소셜 미디어의 역할을 수행하면서도 인터넷을 통한 비디오 스트리밍 서비스 제공이라는 점에서 OTT 플랫폼으로도 분류될 수 있다. 이는 유튜브가 매우 다양한 기능과 서비스를 제공하는 복합적인 플랫폼임을 의미한다. 따라서 유튜브 플랫폼을 활용한 다양한 선교방안은 이제 필수조건이라 할 수 있다.

2019년도 한국언론진흥재단의 조사에 따르면 10대가 가장 많이 이용한 온라인 동영상 플랫폼은 유튜브와 인스타그램이었고, 10대 중 28.1%는 직접 영상을 촬영해 업로드한 경험이 있다고 밝혔다. 해당 조사 자료에 따르면 초등학생의 36.2%가 영상을 업로드한 경험이 있으며, 이는 중학생의 29.9%, 고등학생의 20.0%보다 높은 수치였다. 5년의 시간이 흐른 지금, 훨씬 더 많은 청소년들이 영상을 제작하고 소비하고 있음을 예측해 볼 수 있다. 다양한 플랫폼들에서 영상을 손쉽게 제작할 수 있도록 기술지원을 하고 있고 이에 따라 개인이 직접 만드는 콘텐츠들이 계속해서 늘어나고 있는 실정이다.

이런 상황들에 따라 미디어 콘텐츠들은 소비자가 직접 영상을 촬영하고 업로드하는 것을 통해 참여할 수 있는 챌린지 형식들이 유행하고 있다. 최근 교회 사역 소개 및 홍보 등에도 챌린지 형식의 콘텐츠 활용이 늘어나고 있다. 교회 예배 참여 및 수련회 참여, 그 외 교회에서 준비하고 있는 다양한 사역들과 관련해서 챌린지형 콘텐츠를 제작함에 따라 참여자들이 직접 영상제작을 통한 참여를 통해 사역에 대한 홍보에 더 확장성을 갖게 되기도 한다.

◐ 미디어 사역을 위한 제안

미디어 콘텐츠 제작을 위해 고민해야 할 요소들은 다양하다. 콘텐츠의 내용이 아무리 좋아도 수많은 콘텐츠들이 쏟아지고 있는 상황이기에 사람들의 관심을 이끌 수 있는 요소들이 필요하다. 그러다 보니 너무 자극적이거나 선정적인 콘텐츠들도 많이 만들어지는 현실이다. 그러나 그런 콘텐츠들은 어느 정도 시간이 지나면 사람들에게 더 이상 호응을 받지 못하는 경우도 대다수다. 오히려 많은 사람들이 좋아하고 관심을 갖는 콘텐츠들을 보면 단순히 자극적이고 선정적인 내용들이 아닌, 창의적이면서도 그 안에 좋은 스토리가 있거나 메시지를 주는 것들이다.

먼저, 좋은 콘텐츠를 제작하기 위해서 고려해야 할 것은 정확한 목표와 대상의 설정이다. 콘텐츠의 목표가 무엇인지 명확히 해야 한다. 예를 들어, 신앙과 성경 교육, 복음 전도, 기독교적 가치관 이해, 영적 성장 지원 등의 영역에서 무엇을 이루고자 하는지 방향을 정하고, 그 방향에 맞는 콘텐츠를 구성하고 기획할 수 있어야 한다. 이러한 목표는 콘텐츠의 방향을 결정짓는 중요한 요소이다. 목표와 더불어 콘텐츠의 대상도 명확히 정해져야 한다. 청소년, 청년, 성인, 또는 가정 중심의 콘텐츠 등으로 대상을 구체화하면, 그에 맞는 메시지와 표현 방식을 선택할 수 있게 된다. 앞서 나눴던 것처럼 콘텐츠의 대상이 명확하면 해당 대상의 문화적 배경, 관심사, 생활 양식 등을 고려해 콘텐츠를 제작할 수 있다.

그다음으로 고려해야 할 것은 '스토리텔링'이다. 스토리텔링이란 사건, 경험, 또는 메시지를 일관된 이야기 형식으로 전달하는 행위를 의미한다. 단순히 정보를 나열하는 것이 아닌 듣는 이들에게 감정적, 심리적, 그리고 지적인 반응을 불러일으킬 수 있도록 서사 구조를 통해 메시지를 전달하는 것이다. 미디어 콘텐츠를 제작하는 데 있어서도 스토리텔링의 기본요소인 플롯, 캐릭터, 설정, 테마 등을 잘 고려한다면 일회성의 소비되는 콘텐츠가 아닌 좀 더 의미 있고 사람들에게 깊은 인상을 남길 수 있게 된다. 이러한 스토리텔링이 필요한 또 하나의 이유는 스토리의 일관성이다. 콘텐츠에 있어서 일관성을 고려하지 않고 만든다면 보는 사람들에게 혼란을 가중시키거나 집중력을 떨어뜨릴 수 있다. 최근에는 배우들로 제작되는 드라마가 아닌 개그맨들이나 일반인들이 웹드라마를 제작 촬영한 콘텐츠들도 인기를 끌고 있는데, 많은 조회수가 있는 콘텐츠를 보면 짧아도 그 안에 탄탄한 스토리텔링이 되어 있다.

세 번째로는 창의성이다. 창의성에는 이전의 전통적인 방식이 아닌 새로운 미디어 형식과 기술 등을 활용할 수 있다. 유튜브와 인스타 등의 콘텐츠들을 보면 이전과는 전혀 다른 형식의 콘텐츠들이 제작되고 있고, 더 많이 호응을 얻고 있기도 하다. 인기 있는 영상을 패러디하는 것뿐만 아니라 오히려 챌린지 형식을 통해 더 많은 사람들이 참여하고 관심도를 높이는 콘텐츠들도 나오고 있다. 이러한 방식들을 교회 행사 및 기독교적 가치관들을 확신시키는 데 활용한다면 상당히 효과적인 반응을 기대할 수 있다. 또한 이런 콘텐츠들에 있어서는 시각과 음악적 요소도 매우 중요하다. 특히, 시각적인 것에 민감하게 반응하는 청소년들을 고려해 본다면 창의적인 콘텐츠를 넘어 예술적이고 감각적인 비주얼과 음악도 큰 영향을 준다. 최근 찬양팀들의 영상들도 많이 제작되고 있는데, 감각적인 비주얼들이 반영된 콘텐츠들이 훨씬 더 많은 조회수를 기록하고 있다.

마지막으로 공감과 소통이다. 콘텐츠의 대상이 되는 청중과 공감대를 형성해 가는 것이 매우 중요하다. 그러기 위해서는 청중이 직면하고 있는 고민과 문제 또는 관심분야 등을 이해하고 그들이 쉽게 이해할 수 있는 언어로 전달하는 것이 매우 중요하다. 때때로 내용으로는 너무 좋으나, 공감되지 못한 언어로 표현되는 경우들도 많이 있다. 예수님께서도 시장 언어를 통해 하나님 나라를 가르쳐 주셨듯이, 청중이 이해할 수 있는 언어로 표현되는 것에 많은 신경을 쓸 수 있어야 한다. 그리고 이제는 일방향 소통이 아닌 쌍방향 소통은 필수요소가 되었다. 콘텐츠 대상이 함께 참여할 수 있거나, 그들의 의견을 반영해 가며 콘텐츠를 제작해 볼 수 있다. 또한, 콘텐츠 외에 소셜 미디어 플랫폼을 활용하여 소통을 강화해 갈 수 있다.

위의 네 가지 요소를 고려하여 다양하고 좋은 기독교 미디어 콘텐츠들이 많이 제작될 수 있어야 한다. 반면 최근 영상소비 양상을 살펴보면 유튜브에서는 쇼츠, 인스타그램에서는 릴스 그리고 틱톡과 같이 짧은 영상들이 가장 많이 소비되고 있다. 영상이 짧은만큼 소비자의 시선을 끌 수 있도록 자극적인 콘텐츠들이 주를 이루며, 영화나 드라마 또는 긴 영상에서 관심도 높은 부분만 편집하거나 아니면 짧고 중독성 있는 영상 콘텐츠들이 대부분이다. 이런 짧은 영상 콘텐츠들은 주의력과 집중력을 떨어뜨리고 뇌가 현실에 둔감해지고 강력한 자극에만 반응하는 '팝콘 브레인' 현상을 유발할 수 있는 위험성이 있다고 전문가들은 지적한다. 이러한 영상 콘텐츠 소비 현황과 그 위험성 속에서 다음 세대와 소통하고 복음을 전하기 위한 많은 연구와 노력이 필요하다.

최근 교회와 선교기관들에서도 복음 메시지를 담은 쇼츠와 릴스 등을 통해 강력한 메시지를 전달하려는 시도들을 계속해서 하고 있으며, 브이로그 형식을 통한 신앙생활의 모습을 보여 주거나 스트리밍을 통해 직접 소통하는 기독교 유튜버들도 많이 활동하고 있다. 또한, 신학적 지식과 성경 지식을 전달하는 콘텐츠들과 웹드라마 형식의 콘텐츠들 또한 계속해서 생성되고 있다. 이런 기독교 콘텐츠들을 교회사역과 연계하여 적절히 활용할 수 있어야 한다. 이를 통해 건강한 기독교 콘텐츠들이 더 많이 알려질 수 있도록 하고, 또한 콘텐츠를 제작하는 기관 또는 개인들이 상호협력을 통해 더 좋은 기독교 콘텐츠들을 생성할 수 있어야 한다. 온라인상의 많은 영상들 중에는 다음 세대들이 보기에 적절치 않은 콘텐츠들과 또한 이단들이 만들어 내는 영상들 또한 공존하고 있다. 이런 상황 속에서 스스로 영상 콘텐츠들을 분별하여 사용할 수 있도록 지도하는 것 또한 매우 시급하고 중요한 요소이다.

◉ 미디어 사역에 활용할 수 있는 AI 툴

영상 콘텐츠 제작과 관련하여 어려워하는 경우들이 있으나 최근 개발되고 있는 생성형 AI들을 통해 이전보다 훨씬 더 쉽게 콘텐츠를 제작할 수 있다. 생성형 AI란, 텍스트, 이미지, 오디오 또는 동영상 형태의 새로운 콘텐츠를 생성할 수 있는 딥러닝 모델의 한 유형이다. 가장 대표적으로 대화형 AI인 Chat GPT를 비롯하여 각 영역에 도움을 줄 수 있는 다양한 AI 툴(Tool)들이 있다. 이를 적극 활용한다면 영상제작뿐만 아니라 예배와 양육 등과 같은 다양한 분야에서 큰 도움을 얻을 수 있다. 각 분야별 AI 툴을 살펴보면 다음과 같다.

생성형 인공지능		
[펼치기·접기]		
텍스트	소설	NovelAI · AI Dungeon · AI 노벨리스트
대화형	챗봇	ChatGPT · Microsoft Copilot · Gemini · CLOVA X · Cue: · Inflection AI · Mistral AI
	언어모델	GPT-1 · GPT-2 · GPT-3 · GPT-4 · GPT-5 · LLaMA · Gemma · Claude
코드	코드	GitHub Copilot · Devin · Phind
그림/영상	그림	Midjourney · DALL·E · Artbreeder · NovelAI Image Generation · Stable Diffusion · Gaugan2 · Dream by WOMBO · Adobe Firefly · Deep Dream Generator
	영상	Stable Video · Sora · Lumiere · Veo · Runway AI
	모델링	LATTE3D
오디오/소리	음성	A.I.VOICE · DeepVocal · Voice Engine
	음악	Suno AI · Stable Audio · Udio · AIVA · SOUNDRAW · keeneat · Mix.audio · vio.dio
멀티모달	멀티모달	삼성 가우스 · Gemini
행위/동작	로봇	Robot Operating Syetem(ROS) · Google RT-X · 볼리 · 피규어 01 · 프로젝트 그루트

〈출처 : 나무 위키〉

모든 툴들을 다 설명할 수는 없지만 각 영역에서 손쉽게 시도해 볼 수 있는 툴들에 대해 언급해 보고자 한다. 먼저 이미지 생성에는 '미드저니(Midjourney)'와 '스테이블 디퓨전(stability.ai)'이 있다. 텍스트를 입력하면 그에 맞는 이미지를 만들어 주는 툴이다. 물론 Chat GPT도 이미지를 생성해 주지만, 조금 더 전문적인 이미지를 원한다면 두 툴을 활용할 수 있다. 텍스트로 입력한 내용을 이미지로 생성해 주는 면에서는 같지만 사용방법에 있어서는 차이가 있기에 사용 용도에 따라 어떤 툴을 선택할지는 고려하여 사용해야 한다. 2D이미지 또는 영상을 3D영상으로 바꿔 주는 툴이 있는데 바로 '이머시티 AI(Immersity AI)'이다. 2D애니메이션 또는 영상을 3D영상 콘텐츠로 변환시켜 줌에 따라 이전의 영상 자료들을 다시 재구성할 수 있다는 점에서 활용도가 높을 것으로 예상된다.

음악도 이제는 손쉽게 만드는 것이 가능해졌다. '수노(SUNO)' 툴은 프롬프트 입력을 통해 음악을 만들어 주는 툴이다. 또한, 기존에 있던 음악에 보컬 톤을 바꾸는 기능을 비롯해 프롬프트에 제시되는 텍스트에 맞춰 다양한 음악을 생성해 주거나 기존에 있던 음원을 업로드하여 변형된 음악으로 생성할 수 있으며, 이것을 다운받아 활용할 수도 있다. 다음은 교회사역에 제일 많이 활용될 수 있는 PPT를 생성해 주는 '감마(Gamma)'가 있다. 감마는 AI 기술을 활용하여 사용자가 원하는 프리젠테이션, 문서, 웹페이지 등을 생성할 수 있도록 돕는 툴이다. 사용자가 원하는 PPT 테마를 선택하고 주제 및 관련 내용을 프롬프트에 입력하면, 자동적으로 목차를 생성해 주고 그 목차에 따라 생성을 진행하면 전체 내용이 담긴 완성된 PPT를 만들어 준다.

생성된 PPT내용을 기반으로 내용 수정 및 이미지 수정 등이 가능하기에 프롬프트를 어떻게 작성하느냐가 활용성을 높일 수 있는 방법이기도 하다. 콘텐츠를 생성하는 툴은 아니지만 긴 강의 내용을 요약해 주는 툴도 있다. '릴리스 AI(Lilys AI)' 툴은 원하는 영상 URL만 입력하면 영상 원본과 함께 내용을 요약하여 문서 또는 다양한 형태로 변환할 수 있는 기능을 갖추고 있다. 또한 모르는 단어들은 용어해설까지 추가로 요약해 주는 서비스를 제공하고 있다. 이 툴을 통해 긴 강의영상 또는 회의록 파일을 빠른 시간내에 문서화할 수 있고 요약본을 만들 수 있다.

AI관련 기술들은 빠른 속도로 변화되고 있으며 사용도 또한 계속해서 높아지고 있다. 이러한 툴들에 조금만 관심 갖고 활용해 본다면 훨씬 더 쉽고 편리하게 다양한 콘텐츠들을 만들어 낼 수 있으며, 세상은 이런 기술을 바탕으로 더 빠르게 콘텐츠들을 생성해 내고 있다. 다음 세대 사역을 위해 이러한 기술들을 활용하여 복음을 더 잘 전할 수 있는 방법들을 고민하고 시도할 수 있어야 한다.

◐ 글을 마무리하며

다음 세대 사역을 위해 문화 트렌드 분석과 교회의 의미와 사역 제안 그리고 미디어와 다문화 영역에서 살펴보았다. 다음 세대의 특성을 이해하여 효과적으로 복음을 전하고 양육할 수 있는 방안 들을 계속해서 만들어 가야 하며, 이런 사역들을 통해 다음 세대 에게 다섯 가지 가치 회복이 필요하다.

첫 번째, 말씀의 가치이다. 다음 세대 사역에서 문화와 기술에 대한 이해가 왜 필요한가? 결국 하나님의 말씀을 가르치기 위해서 이다. 아무리 기술이 발전하고 다양한 문화들이 만들어진다 해도 그 안에 진리인 하나님의 말씀을 가르치고 그 말씀에 따라 살아 갈 수 있는 그리스도인으로 세워 가기 위함이다. 다음 세대 사역 의 목적은 사회에 잘 적응하는 유능한 인재를 기르는 데 있지 않다. 어떤 시대적 상황과 환경 속에서도 하나님의 말씀을 중심에 놓고 그 말씀을 따라 살아가는 하나님의 사람들로 세워가는 데 있다.

두 번째, 거룩의 가치이다. 예수님을 믿음으로 새롭게 거듭난 존재 의 특징은 영적 감각이 살아난다는 것이다. 영적 감각이 살아난 다는 것은 거룩과 죄를 분별할 수 있음을 의미한다. 또한 분별은 거룩한 것과 죄를 구별하여 단절시키는 것이 아니라 하나님의 거룩함으로 변화시켜 나갈 수 있는 힘이다. 거룩은 하나님과의 관계이다. 하나님과의 관계를 통해 이 땅을 바라보며 하나님의 마음을 읽어 낼 수 있어야 한다. 신앙을 가진 이들과 그렇지 않은 자들이 하는 고민의 내용이 별반 다르지 않을 때가 많다. 그리스도인은 하나님과의 관계를 통해 살아가는 상황과 환경을 돌아볼 수 있어야 한다. 이런 영적 감각이 살아날 수 있도록 해야 한다.

세 번째, 공동체 가치이다. 앞서 얘기했던 것처럼 지금 자라나는 다음 세대 문화 트렌드는 하이퍼 퍼스낼리티, 즉 초개인화의 관점에 기초하여 형성되고 있다. 핵가족 시대를 넘어 초저출생의 문제가 심각한 오늘날의 상황 속에서 교회는 공동체 가치를 경험할 수 있도록 해야 한다. 하나님은 사람을 홀로 두지 않으셨고 가정이란 공동체를 창조 때부터 디자인하셨다. 또한, 레위기 말씀에서도 "너희는 거룩하라"(레 19:2)는 말씀을 통해 '너'라는 개인이 아닌 '너희'라는 공동체를 지칭하셨다. 이 말씀은 거룩함은 개인이 아닌 공동체로서 이룰 수 있다는 것을 의미한다. 공동체를 통해 각자의 성품이 다듬어지고, 그 안에서 진정한 삶의 열매를 맺어갈 수 있다.

네 번째, 놀이의 가치이다. 사탄은 우리의 삶을 무너뜨리기 위해서 귀한 가치를 지닌 단어들을 왜곡시킨다. 그중 가장 대표적인 단어가 '놀이'이다. 오늘날 우리 시대에는 컴퓨터, 핸드폰, 게임기 등 쉽게 접할 수 있는 참 많은 놀잇거리가 있다. 하지만 세상이 만들어 낸 이런 놀잇거리는 소중한 것들을 망가뜨려 관계가 깨지고, 건강이 무너지고, 중독으로 삶이 마비가 되는 등의 폐해를 만들어 낸다. 이것은 하나님께서 우리에게 허락하고자 하신 진정한 의미의 '놀이'가 아니다. 성경에 나오는 안식은 레크리에이션을 의미한다. 이 뜻은 '논다, 놀이'라는 말로 영어로는 'Recreation'으로 '재창조'한다는 것이다. 우리가 정말 잘 놀이할 때, 우리 삶에는 재창조가 일어난다. 이것이 하나님께서 우리에게 설계해 주셨던 삶의 모습이다. 진짜 잘 놀이할 때 삶이 마비가 되고 깨어지는 것이 아니라, 오히려 삶에 재창조가 일어남을 통해 끊어졌던 관계가 회복되고, 무너졌던 삶들이 다시 회복되는 일들이 일어날 수 있다. 놀이를 통해 새로운 관계들이 만들어지고 기존의 관계가 깊어지는 공동체를 경험할 수 있게 된다.

다섯 번째, 사회의 가치이다. 문화와 관련하여 기독교 세계관에서는 세 가지 입장을 갖고 있다. 먼저는 기독교 외에 다른 것은 모두 타락했다는 것이고, 기독교가 세상의 문화를 이끌어가야 한다는 입장과 마지막으로 세상의 문화도 하나님의 계획하심에 있기에 균형을 이루어가야 한다는 입장이다. 우리가 다음 세대에게 어떻게 접근해야 할지를 고민해 본다면, 지금의 문화들을 모두 죄악시하거나 기독교 문화가 더 탁월하다는 식의 주장보다는 세상의 문화 속에서 신앙과 어떻게 균형을 이루어갈 수 있을지를 안내하는 것이 더 적합하다. 하나님이 창조하신 세상이기에, 이들이 살아가는 세상 속에서 하나님의 뜻을 발견하고 그 뜻을 이루어가는 삶을 살아갈 수 있도록 도울 수 있어야 한다.

이 다섯 가지 가치 외에도 우리가 회복하고 가르쳐야 할 신앙의 가치들은 너무 많다. 현재 우리가 당면하고 있는 다문화 사회 속에서도 배우고 가르쳐야 할 가치들이 많다. 다문화가 공존할 수밖에 없는 상황 속에서 우리 사회는 다양한 인종, 언어, 문화의 조화로운 공존을 위한 고민과 노력이 필요하며, 이것은 교회도 마찬가지이다. 물론 오래전부터 교회와 선교기관들에서는 다문화권 예배를 통해 그들을 섬기고 돕는 일들을 감당하고 있다. 그러나 여기서 한 걸음 더 나아가야 할 때가 왔다. 일부 교회와 기관이 감당해야 하는 사역이 아닌, 이제는 모든 교회가 다문화에 대한 이해와 수용의 태도를 배워 갈 수 있는 방안을 만들어 가야 한다. 특히, 다문화 다음 세대 사역을 위해서도 전략이 필요할 때이다. 다문화 다음 세대 아이들은 빠르게 늘어가고 있지만 지역 교회는 물론 각 교단에서 발행하는 공과교재와 다음 세대 전문 선교기관들의 프로그램에서 다문화권 다음 세대를 고려한 신앙 교육 내용과 프로그램은 찾기 어려운 실정이다. 다문화 다음 세대를 위한 사역 대안도 시급하다. 지금처럼 다문화 다음 세대들을 분리해 드리는 예배의 형식이 아닌 한 믿음의 공동체로 받아들이고 함께 신앙생활할 수 있도록 환경을 만들어 가야 하며, 그렇게 되기 위해서는 세심한 관심과 배려가 필요하다.

사도행전 13장 1절에 보면 안디옥교회에 선지자와 교사를 소개한다. "바나바와 니게르라 하는 시므온과 구레네 사람 루기오와 분봉 왕 헤롯의 젖동생 마나엔과 및 사울이라." 여기에서 우리가 주목할 만한 것은 니게르라 하는 시므온이 당시 안디옥교회의 리더그룹에 세워졌다는 것이다. 이름에서 알 수 있듯이 시므온의 신분은 흑인 노예였을 것으로 추정한다. 동부 아프리카에서 흑인을 잡아 노예로 거래하는 가장 큰 시장이 있었던 곳이 안디옥이었다. 그런 노예를 자신들의 교회 지도자로 세운 안디옥교회는 최초로 그리스도인이라 불렸다. 오늘 우리는 어떤 교회를 지향하고 있는가? 민족과 인종, 문화를 뛰어넘어 상호존중을 통해 그리스도 안에서 한 몸 된 공동체로 세워져 가는 교회를 꿈꿔야 한다.

다음 세대 문화 이해를 비롯해 미디어 사역까지 다음 세대 선교를 위해 필요한 영역들을 살펴보았다. 다음 세대 사역을 위해서는 더 많은 관심과 노력이 필요하며 이것은 단순히 지식으로만 남아 있어서도 안 된다. 오늘 우리는 더 이상 지식적으로만 가르치는 것이 아닌 하나님의 사람들로 살아가는 좋은 모델이 되어야 한다. 미국의 기독교 윤리학자인 스탠리 하우어워스(Stanley Hauerwas)는 "세상을 위해 그리스도인과 교회가 할 수 있는 최고이자 최선의 공헌은 한 사람이 진실한 그리스도인으로 살아가는 것, 그리고 한 교회가 진정한 믿음의 공동체가 되는것"[7]이라고 말했다.

오늘 이 시대 속에 한 사람의 진실한 그리스도인으로 살아가는 것, 서로 다름을 이해하고 포용함을 통해 진정한 믿음의 공동체를 세우는 일들을 감당하는 것, 이것이 다음 세대 사역을 위한 첫걸음이다. 진실한 그리스도인으로 살아감으로써 우리의 다음 세대들이 참된 신앙 안에서 더욱 많이 자라나길 기대해 본다.

7 Stanley Hauerwas and William H. Willimon, *Resident Aliens: Life in the Christian Colony* (Nashville: Abingdon Press, 1989)

CHAPTER 3

혼란스러운
이단 2세,
다음 세대

"교회 밖 이단 2세,
그들이 위태롭다!"

⚬ 200만 이단 시대, 이대로 괜찮은가?

중독에는 여러 가지 영역이 있다. 중독의 각 종류마다 그 심각성
은 이루 말할 수 없을 정도로 심각하다. 그런데 그중에서도 종교
중독은 '한 개인'만이 아니라 '가정'과 '교회' 및 '지역과 국가 질
서'에까지 영향을 준다. 종교 중독은 어둠의 구렁텅이로 빠지게
하는 엄청난 독소를 지니고 있다. 결국 처음에는 '피해자'로 시작
하지만 나중에는 '사기 가해자' 또는 '사회적 범죄자 및 전과자'
가 될 수밖에 없다.

필자가 만났던 신천지 강사 중에서 이런 말을 한 적이 있다.

> "우리가 자꾸 세뇌를 했다고 하는데, 다 큰 어른을 우리가 무슨 수
> 로 세뇌할 수 있겠습니까? 어린아이들이면 몰라도 어른들은 자기

스스로 결정해서 우리 신천지에 들어온 것입니다.”

표면적으로는 그 사람의 주장에 일리가 있다. 그러나 그 신천지 강사가 한 가지 놓친 게 있다. 그것이 뭘까?

“‘사기’는 남녀노소 누구에게나 예외가 없다”는 것이다. 이것은 일반 ‘경제 사기’나 ‘전화 사기’의 피해를 통해서도 충분히 확인할 수 있다. 그런데 그중에서도 아주 심각한 사기를 우리는 ‘종교 사기’로 보아야 할 것이다. 특히 ‘종교 사기’는 한 가정을 파탄에 이르게 하며, 다음 세대까지 종교에 중독되게 하는 불씨가 된다.

‘종교 중독’의 가장 큰 핵심은 결국 ‘이단 교리’에 있다. 그 ‘이단 교리’는 결국 성경에 대한 ‘잘못된 해석’에서 비롯된다. 그런데도 주일마다 또는 평일에도 거의 수시로 그러한 이단 교리를 반복적으로 교육받다 보면, 어느새 자신도 모르는 사이 학습이 되고 세뇌가 된다.

그런데 더 큰 문제는 그렇게 이단 교리에 포교되어 미혹된 사람들은 자신만 믿는 것으로 그치지 않는다는 것이다. 자기 자녀까지도 이단 교리에 세뇌되어 가도록 교육한다는 것이다. 자신의 자녀가 이단 교주에게 어떤 식으로 처참하게 유린당할지 예상도 못한 채 말이다.

무엇보다 종교 사기를 통해 종교 중독에 빠지는 현상들은 현재 한국 교회를 향해 다양한 방식으로 스며들고 있다. 아무리 들어오지 말라고 해도, 다양한 통로를 통해 우리가 속해 있는 교회 공동체의 교인들의 생각과 마음을 미혹해 가고자 시도하고 있다. 더 나아가 우리의 아이들과 청년들까지 흔들리게 하고 있다. 이런 차원에서 한국 교회는 다음 세대에 대한 실제적이고도 본질적인 교육에 집중할 수 있어야 한다. 왜냐하면 이단 사이비 집단 속에서 태어났거나 어린 시절부터 출석하며 교육받고 있는 이단 2세들이 한국 교회의 다음 세대들을 향해 접근할 것이기 때문이다.

그렇다면, 과연 이단들은 현재 모태 이단 2세들을 어떤 식으로 교육하고 있을까?

◔ 모태 이단 2세, 그들이 위태롭다

전능신교(동방번개)

최근 대한민국에서 본격적인 포교 활동을 시작한 중국계 이단 사이비 단체가 있다. 그곳이 바로 〈전능신교(동방번개)〉다. 이곳의 홈페이지에는 다양한 찬양들이 올라와 있다. 그런데 음악 수준이 생각보다 괜찮다. 아무런 생각없이 들으면, 보통 교회에서 부르

는 찬양과 비슷해 보인다.[1]

이미 2018년도 10월 CBS 다큐를 통해서도 보도된 것처럼 〈전능신교〉는 무언가 결핍된 가정들을 집중 공략하고 있다. 사실 이러한 포교 방식은 다른 이단 사이비 집단에서도 비슷하게 나타난다. 문제는 그렇게 포교 활동을 하여 미혹된 자들 중에는 아직 청소년 시기의 아이들도 있다는 것이다. 심지어 이단 집단에서 태어나서 모태 이단 2세처럼 자라나고 있는 아이들도 있다. 그리고 그 아이들을 학습교육을 통해 더욱더 세뇌하기 위해서 다양한 방법들을 시도한다. 그중에 가장 좋은 것이 바로 '음악'이다.

1   https://kr.kingdomsalvation.org/songs.html. 전능신교 홈페이지

〈전능신교〉 홈페이지에 가면, 젊은 남녀혼성 그룹같은 자들이 웃으면서 노래와 연주를 하는 듯한 모습을 올려놓았다[2]. 만일 기존 정통 교회의 다음 세대 청소년들 및 청년들이 온라인에서 이러한 음악들을 찬양인 줄 알고 듣게 된다면 어떻게 될까? 일부 소수는 분별할 수 있을지 몰라도, 대다수의 10대 및 20대 다음 세대는 무비판적으로 받아들일 가능성이 농후할 것이다.

만일 어른들만이 아니라 그들의 2세인 10대 청소년들마저 〈전능신교〉의 교리에 미혹될 경우, 어떤 문제가 발생할까?

우선 그들의 교리 중에 대표적으로 9계명을 주목하면 어느 정도 예측할 수 있다. 정동섭 목사(가족관계연구소장, 사이비종교피해대책연맹 총재)는 〈전능신교〉의 9계명이 "사람들은 당연히 교회 일을 생각해야 하며 육에 속한 장래의 일을 내려놓고 가정과도 단절해야 하고 오직 온 마음과 뜻으로 하나님의 일에 집중해야 한다"고 말하고 있다.[3]

뿐만 아니라 한국기독교이단상담소협회(한상협, 협회장 진용식 목사)는 "신천지만 추수꾼이 있는 줄 알았는데 동방번개가 사실상 신천지

---

2   위의 자료 참고.
3   http://www.amennews.com/news/articlePrint.html?idxno=15766, 「교회와신앙」, 홈〉뉴스〉이단&이슈〉전능신교(동방번개), 2017년 10월 29일 (일) 13:14:59, 양봉식 기자.

의 선배 격이다"라며 "동방번개파는 신천지보다 먼저 생겼고 이
들은 이미 정통교회에 정탐꾼을 보내는 추수꾼식 포교를 해 왔
다"고 비판했다. 게다가 그는 "이들은 포교를 할 경우 한 사람 빼
내오면 돈을 주는 방법으로 사람들에게 동기부여를 하고 있다"며
"전세계 동방번개파에 미혹된 신도들은 약 3백만 명에 이를 것으
로 추산된다"고도 주장했다.[4]

중국 이단 사이비 집단인 〈전능신교(대표 양향빈, 전능하신 하나님 교회)〉
는 이제 대한민국 사회에서도 결코 예외가 아니다. 최근에는 강
원도 평창에 새로운 거점을 마련하였다고 한다. 〈전능신교〉 측은
2020년 3월 24일 강원 평창군 방림면 칡사리길에 위치한 한 유
스호스텔을 약 36억 원에 매입했다고 한다. 〈전능신교〉가 구입한
'유스호스텔'은 1,000여 명 이상을 수용할 수 있는 2개의 식당,
대 · 중 · 소 규모의 강당, 수영장, 운동장, 헬스장, 테니스장, 야외
공연장 등 다양한 시설을 갖추고 있다고 한다.[5]

---

4 위의 자료 참고.
5 http://www.hdjongkyo.co.kr/news/view.html?section=22&category=1004&page=1&item=
   42295&no=17526.「현대종교」, 홈〉이단뉴스〉이단/말많은단체〉전능신교, 2020년 09월 01일,
   조민기 기자.

전능신교가 평창에 마련한
유스호스텔 위성 사진
(출처: 네이버 지도)

동방번개의 창교자 조유산(좌)과
동방번개의 여그리스도 양향빈(우)

이런 상황에서도 그들은 대한민국 정부를 향해 꾸준히 '난민 신청'을 악용해 왔었다. 〈전능신교〉 신도들은 대부분 '가족관계단절서'라는 각서를 쓰고 가족을 떠나는 것으로 확인되었다. 이 문제로 인해 가출한 가족에 대한 행방은 알 길이 어려울 수밖에 없다. 실종신고를 통해 가족이 중국에서 한국으로 떠난 것만 알 수 있을 뿐이었다. 문제는 〈전능신교〉 신도들이 '무사증 제도[편집자주: 테러지원국을 제외한 180개국 외국인에 한해 한 달간 비자 없이 국내에 체류할 수 있는 제도(출처: 시사상식사전)]'를 시행하는 제주도를 통해 한국에 들어온 후, 난민소송을 통해 장기체류를 한다는 것이다. 이로 인해 〈전능신교〉 피해 가족들은 "한국으로 가출한 가족들과 수년 동안 연락이 닿지 않아 직접 찾으러 올 수밖에 없었다"고 울먹였다.[6]

만일 이런 폐쇄적인 집단 속에서 그들의 2세까지 함께 지낼 경우에는 사실상 2세들이 외부로 나오도록 이끌어낼 수 있는 방법을 찾기는 현실적으로 너무나 어려울 수밖에 없다. 무엇보다 〈전능신교〉에서는 '시한부 종말론' 및 '임박한 종말론'을 가르치고 있기에 만일 그들의 2세가 그곳에서 집단 학습을 통해 세뇌당한다면, 2세들의 삶은 참으로 비참하고 피폐해질 수밖에 없다.

어린 시절부터 10대 및 20대 시절을 여기에서 보내면서 세뇌당한다면, 처음에는 그들도 피해자의 상황이 되지만 나중에는 그들 역시 가족을 해체시키는 '반사회적 이단 사이비 집단의 괴물들'이 될 수밖에 없다. 결국 그들의 교주인 '조유산과 양향빈' 부부만 호의호식하도록 아까운 세월을 무모하게 낭비할 뿐이다.

파룬궁(파룬따파)

중국에서 넘어온 또 다른 이단 사이비 집단 중 하나는 바로 〈파룬궁(파룬따파)〉이다.

---

6 http://www.hdjongkyo.co.kr/news/view.html?section=22&category=1004&item=&no=16149.「현대종교」, 홈〉이단뉴스〉이단/말많은단체, 2018년 10월 08일, 조민기 기자.

리훙쯔(李洪志) 선생님의 최신경문

리훙쯔 선생님의 최신 경문 보기:
《왜 인류가 존재하게 되었는가》
《왜 중생을 구도하려 하는가》

法輪大法(파룬따파) 소개

〈파룬궁〉의 실체는 이미 중국에서 오신 목사님들이나 한국에 와 있는 중국 동포들 교회 목사님들과 성도님들이 잘 알고 있을 것 이다. 지금 한국에도 서울을 비롯한 276개의 전국 수련장 지부와 수천 명의 수련생이 있는 것으로 파악되고 있다. 〈파룬궁〉은 대 외적으로는 '기(氣) 수련단체'로 알려져 있다[7]. 하지만 내부적으로 는 '이홍지(리훙즈, Li Hongzhi)'라는 사람을 신격화시켜 세상을 창조

---

7   https://ko.falundafa.org/index.html?v=bks04. 파룬궁(파룬따파) 홈페이지 '기 수련' 사진.

한 창세주 곧 창조주로 믿게 만들고, 잘못된 신앙을 갖게 함으로써 수많은 피해자를 양산하고 있는 이단 사이비 단체이다.

〈파룬궁〉은 1992년 창시자 '이홍지'가 본인이 태어난 중국 지린성 장춘시에서 시작한 심신 수련으로 출발했다. 동작이 간단하고 배우기 쉬우며 각종 난치병과 질병이 낫는 효과를 보았다는 사람이 하나둘 등장해 주목받았었다. 당시 중국에서는 운동, 무술, 명상, 호흡 수련법 등에 대한 열풍이 불었던 터라 파룬궁은 급물살을 타고 확산했다. 그만큼 수련자들 역시 폭증했다. 1990년대 중반부터 후반까지 중국 정부는 파룬궁의 활동을 지지했다. 국민들의 건강이 증진되고, 생활 습관이 긍정적으로 개선되었다는 이유에서이다. 동일한 이유로 '이홍지'에게 여러 차례 표창까지 수여했다. 여세를 몰아 '이홍지'는 1995년 파룬궁의 가르침이 담긴 『전법륜(轉法輪)』을 출간했다.[8]

『전법륜』에 따르면, 〈파룬궁〉의 '파룬'은 불교의 8만 4000개 법문 중 하나로써 '가장 높은 단계의 기공법'이라고 한다. 이것은 일반 기공처럼 수준 낮은 병 따위를 고치는 정도가 아니라 '높은 단계로 사람을 데리고 올라가는 것'을 목적으로 하고 있다고 한다. 도교는 진(眞)을 수행하고, 불교는 선(善)을 수양하지만 〈파룬

---

8 http://www.hdjongkyo.co.kr/m/content/view.html?section=22&category=1004&no=19956.
  「현대종교」, 파룬궁이 알고 싶다. 2024년 06월 17일, 조민기 기자.

궁)은 '진, 선, 인(眞, 善, 忍)'을 동시에 수련해 '최종적으로 우주와 동화되는 것'이라고 주장한다. 게다가 중국 정부가 활동을 제지할 때, 이홍지는 〈파룬궁〉은 종교가 아니며 정치에도 간섭하지 않는다는 입장을 고수했었다.

그러나 대한예수교장로회 합신(예장합신) 교단은 2018년 103회 총회를 통해 〈파룬궁〉을 "사이비 종교"로 결의했다.

결의 이유로는 "창시자 이홍지는 자신의 본질이 삼위일체라는 주장을 한다", "모든 중생의 구원자는 이홍지 자신이라고 주장한다", "이홍지는 자신이 사람의 수명을 2년 연장해 주었다거나 죽은 자를 살려냈다는 주장을 하기도 하고, 파룬궁을 수련해야만 천국에 간다고 주장한다"는 등의 내용 때문이다. 예장합신 교단의 연구와 결의에 대해 파룬궁 측의 입장을 듣기 위해 여러 차례 연락했으나 "당신들이 오해하고 있다", "그러나 우리의 입장을 알려줄 수 없다", "법적 대응하겠다"는 것 외에 마땅한 답변을 내놓지는 않았다.

이 외에도 〈파룬궁〉 측은 유관기관인 "션원예술단"을 통해 중국 정부에 대한 부정적 입장을 '공연'으로 드러내고 있다. 특히, 공연 내용 중엔 창시자 이홍지를 신격화하는 장면도 가감 없이 전하고 있다.

그렇다면 과연 〈파룬궁〉이 중국 정부를 비롯하여 여러 국가 사회로부터 계속해서 지탄받는 것은 무엇 때문일까?

그것은 바로 '거짓말'과 '폐쇄성' 때문이다. 특히 「현대종교」의 이사장 겸 편집장인 탁지일 교수는 "파룬궁은 중국에서 발흥한 혼합주의적 배경의 신흥종교"라며 "중국 정부의 강력한 제재로 인해 현재는 반중(反中) 정서를 적극적으로 활용하며, 서방 국가들을 중심으로 해외에서 활발하게 활동하고 있다"고 설명했다. 아울러 탁 교수는 "뚜렷한 범법 행위보다는 중국 정부의 인권탄압에 맞서는 피해자의 이미지를 꾸준히 노출하면서, 파룬궁에 대한 탄압의 부당함을 알리고 있다"고 덧붙였다. 끝으로 "국내 기독교계에서는 파룬궁이 수련보다는 설립자 이홍지를 신격화하는 종교에 가깝다는 염려로 인해 합신 교단에서 '사이비 종교'로 규정한 바 있다"고 탁 교수는 평가했다[9]. 더욱 큰 문제는 〈파룬궁〉 측은 유관기관인 〈션원예술단〉을 통해 자신들에 대한 긍정적 이미지를 연출하고자 끊임없이 시도하고 있다는 것이다.

게다가 공연에 대한 평가에 있어서도 소위 유명 인사들이 극찬을 쏟아냈기 때문에 〈파룬궁〉에 대한 아무런 사전 정보를 갖지 못한 일반 사람들은 유관기관인 〈션원예술단〉의 공연을 비싼 금액을

---

9   위의 자료 참고.

지불하고서라도 관람하는 피해를 겪을 수밖에 없다.

어디 그뿐인가? 〈션원예술단〉의 전(前) 무용수인 청칭링(程清灵, Cheng Qingling)과 같은 〈파룬궁〉 2세들은 그곳 내부에서의 피해 사실들을 폭로하였다. 그녀뿐만 아니라 〈션원예술단〉 수석 무용수의 탈퇴, 션원 음악가 출신의 탈퇴도 이어졌고, 그들 또한 그곳에서 겪었던 피해를 폭로하였다.[10]

션원예술단원을 양성하는 페이톈예술학교는 2006년 파룬궁 교주 이홍지가 세운 학교이다. 이곳은 불교사원으로 등록되어 있는 파룬궁 본부 '용천사' 내에 있다. 미국 뉴욕주 북부의 400에이커

---

10 http://www.hdjongkyo.co.kr/news/view.html?section=22&category=1004&page=1&item =42295&no=17526,「현대종교」, 홈〉이단뉴스〉이단/말많은단체〉전능신교, 2020년 09월 01 일, 조민기 기자.

규모의 폐쇄된 단지에서 파룬궁 수련자들이 집단 공동체 생활을 하고 있다. 션윈(Shen Yun)은 중국 5천년 문명 부활을 목표로 '진선인'(眞善忍)을 수련하여 중생을 구도하기 위해 매년 순회공연을 한다고 하지만 실상은 파룬궁 사교 포교와 반정부 정치활동을 위한 공연을 하고 있는 것이다. 종교단체로 등록해놓고 면세 특혜를 받으며, 정치선동 활동을 하고 있는 것이다.[11]

그녀는 무용의 기본동작 연습도 채 완료하기 전에 무대에 올랐다고 회상하며 남동생도 어머니를 따라 파룬궁 수련을 했는데 교리에 의심을 하고 믿지 않자 어머니는 동생을 정신병원에 입원시켰다고 한다. 2021년 유럽 공연 중 한 여성 단원이 스페인 바르셀로나에서 공연 리허설 도중 정신질환을 일으켜 병원에 입원한 일도 있었다고 했다.

그녀가 겪은 피해는 무용 연습을 할 때, 강사가 욕설을 하는가 하면 발로 차기도 했고 손톱으로 허벅지를 긁기도 했다고 한다. 2009년경 이런 학대를 1년 넘게 당했고, 너무 견디기 힘들어 어머니께 "이곳에서 나가고 싶다"고 했으나 오히려 그녀의 어머니는 자신을 설득했다고 한다.[12] 이단 사이비 집단에 있을 때 겪게 되는 이단 2세들의 심각한 피해가 바로 이런 상황이다. 자녀를

---

11   위의 자료 참고.
12   위의 자료 참고.

보호해 주어야 할 부모가 이미 이단 교주에게 세뇌되었기 때문에 그 집단에서 어떤 문제가 발생하여도 그 부모는 자녀를 보호해 줄 의지와 분별력을 상실하였다는 것이다.

설사 그 이단 사이비 집단에서 탈퇴한다고 하더라도 이후의 현실적인 문제가 여전히 존재한다. 그것은 바로 '현실적인 경제 생활'이다. 그녀 역시 〈파룬궁〉 집단을 탈퇴하였지만 어떻게 살아가야 할지 막막했었다고 한다. 어릴 적부터 배운 것이 무용뿐이었기 때문에 사회에 나와 취직을 하려 해도 마땅한 일을 찾을 수가 없었다고 한다. 당연히 사회 적응 시간이 오래 걸렸다. 물건 하나를 제대로 구입할 줄도 모르고, 보살펴 주는 사람도 없었고, 자신을 이해하고 품어줄 사람도 없었다. 본인 자신도 누군가를 제대로 이해하고 사랑하고 관계를 맺어야 할지 알지 못했다. 이것을 가리켜 소위 '션윈 종합병'이라고 한다.[13] 많은 션윈예술단 단원들이 세뇌를 당하고 4~5년 갇혀 살다 보면 누구나 이와 같은 '션윈 종합병'에 걸리기 쉽다고 한다. 사실 이것은 모든 이단 피해자들이 비슷하게 겪는 현상이라고 볼 수 있다.

그들은 어린 나이에 여권도 반납하고, 외부와의 연락도 단절되고, 신체적으로 학대를 당하고, 주기적으로 사이비 파룬궁 교리

---

13 위의 자료 참고.

를 학습해야 했다. 그런 생활 가운데 교주 '이홍지'는 그들에게 매달 단 '20달러'만 주었다고 한다. 그들은 그것도 감사하게 생각했었다고 한다.

교주 '이홍지'는 션윈예술단 단원들을 이용해 막대한 이윤을 탈취하고 있었다. 그런데도 단원들은 그것도 모르고 시키는 대로 따랐던 것이다. 이유는 "파룬대법의 사명을 완수하지 못하면, 몸과 마음이 훼멸되고 지옥에 간다"고 배웠기 때문이다. 그렇게 교주는 신도들을 통제하고 이탈을 막았던 것이다. 정신이 세뇌당하니 당연히 육체적으로도 그런 환경에서 탈출하려는 의지를 가지기도 어려울 수밖에 없는 것이다.[14]

이러한 종교 사기 피해들은 한국에서도 일부 사람들에게 이미 발생했고, 앞으로도 더 많은 사람들에게 심각하게 나타날 수 있기에 전문가들은 '션윈예술단' 공연을 그토록 강력히 반대하였던 것이다.[15]

---

14 위의 자료 참고.
15 https://www.youtube.com/watch?v=LdBY4QJTJvQ&t=8s. [취재현장] "사이비 집단 '파룬궁'은 '션윈예술단' 공연을 중단하라!", 중국발 사이비 종교 파룬궁 션윈예술단 공연 반대 집회, 더미션[국민일보]; http://www.hdjk.co.kr/m/content/view.html?section=22&category=1004&no=19884. 「현대종교」, 종교적 색채 없다던 션윈예술단의 거짓말. 2024년 04월 26일, 조민기 기자.

션원예술단 국내 공연 개최 반대 집회를 실시한 이단사이비피해자대책연합(대표 박형택 목사)

이단 2세를 길들이기 위한 이단 사이비의 다양한 교육 방식

이단 사이비 집단의 2세들 중에는 그곳에서 태어나서부터 자란 이들도 있고, 아주 어린 시절에 부모가 이단에 미혹되어 자연스럽게 따라간 자들도 있을 것이다. 통합하여 그들을 모두 이단 2세로 통칭할 때, 이들은 사실 이미 대한민국 사회의 여러 이단 사이비 집단에서 꽤 오랜 시간에 걸쳐 세뇌당해 있다. 다만 그 피해 사례를 한국 교회가 제대로 조사하고 통계 자료를 모아두지 않고 있을 뿐이다. 일부 관심 있는 몇몇의 이단연구 단체에서만 자발적으로 따로 조사하고, 연구 및 분석하여 자료들을 정리해 두고 있을 뿐이다.

〈신천지〉나 〈전능신교〉나 〈파룬궁〉과 같은 집단뿐만 아니라 〈통일교〉나 〈안식교〉, 〈구원파〉, 〈지방교회(Local Church)〉, 〈신사도 운동〉을 추구하는 집단에서는 일찌감치 한국 교회에 은밀하게 파고들어 각자만의 똬리를 틀어놓고 은밀하게 때로는 과감하게 다음 세대를 미혹할 포교 전략들을 세워두고 있다.

최근 들어 가장 대표적인 경우가 바로 〈구원파〉이다. 경북 소재의 김천대학교는 예장통합 총회 소속의 신흥학원 설립자 고(故) 강신경 목사님이 1978년도에 설립했던 김천실업전문대학을 전신으로 하고 있다. 이 김천대학교가 강 목사님이 2019년도에 90세의 일기로 별세한 지 만 5년에 참으로 어이없이 박옥수 계열의 구원파 집단에 넘어간 것이다. 게다가 2024년도 6월 17일에는 이사회에서 박옥수 목사를 김천대학교 이사장으로 추대했다.

최근 안타깝게도 '인천 여고생 사망 사건'이 2024년 5월 15일에 발생하였다. 그 여학생은 박옥수 목사 계열의 구원파 유관 단체인 '그라시아스 합창단' 소속 여고생이었다. 그녀는 손목에 결박을 당하고 온몸에 멍 자국이 발생한 가운데서 숨졌다고 한다. 인천지법은 박옥수 목사의 딸 박모 단장 등이 "도망할 우려와 증거를 인멸할 우려가 있다"며 구속영장을 발부했다.[16] 그런데도 그녀는 어찌된 일인지 6월 17일 김천대학교 이사회에서 이사로 선임

---

16 https://www.nocutnews.co.kr/news/6153423.「CBS 노컷뉴스」, '여고생 사망 사건' 구원파 기쁜소식선교회 박옥수 목사 딸 구속. 2024년 05월 30일, 송주열 기자.

이 되었다.[17]

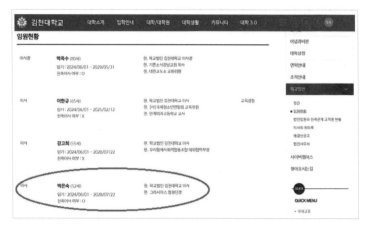

김천대학교 이사로 선임된 박은숙(출처: 김천대학교 홈페이지)

사실 〈구원파〉는 '오대양 사건(1987년 08월 29일)'과 '세월호 사건 (2014년 04월 16일)' 때문에 대한민국 사회에 핫이슈가 되었던 집단이기도 하다. 하지만 10년 만에 또다시 〈구원파〉는 '인천 여고생 사건(2024년 05월 16일)'과 '김천대학교 인수(2024년 06월 01일)'로 인해 한국 교회와 대한민국 사회에 큰 충격을 주고 있다. 그런데도 한국 교회에서는 이단 사이비 집단의 문제에 대해 별로 심각성을 느끼지 못하고 적극적인 대응을 하고 있지 못하는 것 같아 안타까움을 금할 길이 없다.

---

17 http://www.hdjk.co.kr/news/view.html?section=22&category=1007&item=&no=19993. 「현대종교」, 김천대학교 이사진, 아동학대살해 혐의로 구속된 박은숙 선임. 2024년 06월 27일, 조민기 기자.

그리고 2년 전, 2022년에는 신흥종교라고 할 수 있는 〈대순진리회〉에서 갈라져 나온 〈대진성주회〉가 예장 대신총회가 운영하던 '안양대학교'를 인수한 것으로 알려졌다. 그 이전에는 예수교대한감리회가 1985년도에 '성화신학교'를 통일교에 넘기면서 현재는 4년제 종합대학인 선문대학교를 설립하게 되는 뼈아픈 역사가 있다.

물론 〈대순진리회〉와 〈대진성주회〉는 표면적으로는 서로 다른 단체이다. 하지만 〈대진성주회〉는 1999년도에 〈대순진리회〉에서 갈라져 나왔기 때문에 뿌리는 같은 곳으로써 동일한 교리를 믿고 있는 단체라고 볼 수 있다.[18] 참고로 〈대순진리회〉의 종단 관련 기관으로는 '대진대학교', '분당대진고등학교', '분당 제생병원' 등과 같은 곳이 있다. 〈대진성주회〉의 종단 관련 기관으로는 '중원대학교', '동해 보양온천 컨벤션호텔' 등과 같은 곳이 있다. 그러나 크게 보자면, 결국 〈대순진리회〉의 영향권 아래에 있다고 볼 수 있겠다.

이외에도 이단 사이비 집단 자체적으로 학교를 세워서 수많은 10대와 20대 다음 세대들을 전략적으로 미혹하는 포교 활동을 지속하고 있기도 하다. 가장 대표적으로는 〈통일교〉의 '선화예술고등

---

18 http://www.hdjongkyo.co.kr/news/view.html?section=22&category=1004&item=&no=14635. 「현대종교」, 대순진리회vs대진성주회, 2015년 09월 25일, 김정수 기자.

학교'와 '청심국제중고등학교', 〈안식교〉의 'SDA삼육어린이집', '삼육대학교'와 같은 곳이다. 물론 자신들의 집단 내부적으로 대안학교를 운영하는 곳들도 은밀하게 존재하고 있어 쉽게 드러나지 않기도 한다. 가장 대표적으로는 박명호의 〈돌나라 한농복구회〉가 있다.[19]

과연 한국 교회의 정통 기독교인이라고 하는 우리는 어린 여자아이들의 이러한 모습을 보면서 어떤 감정을 가져야 할까? 이것이 단지 아이들의 잘못일까? 전혀 그렇지 않다.

일차적으로는 종교 사기꾼인 교주들의 책임이지만, 동시에 저들을 좀 더 적극적으로 회심하도록 반응하지 않는 한국 교회의 책

---

19 https://www.youtube.com/watch?v=r9Bjg16ZP90. [PD수첩 10분컷] 돌나라 한농복구회 교주, 가스라이팅 의혹, MBC 2022년 9월 6일 방송, MBC PD 수첩.

임이기도 하다. 바로 우리의 역사적 책임을 결코 간과할 수 없다는 것이다. 가슴을 치며 통탄해야 할 일이다.

〈돌나라 한농복구회〉의 교주 박명호는 '창기십자가'라는 궤변을 앞세워 어른과 어린이를 가리지 않고, 수많은 사람들을 세뇌하여 자신의 탐욕을 채워 주는 도구로 삼고 있다. 그렇다면 그가 주장하는 '창기십자가'가 무엇이길래 이토록 황당한 주장들을 아이들마저 앵무새처럼 따라하는 것일까? 그가 주장하는 '창기십자가'는 바로 "인간은 십계 중 제7계명(간음하지 말라)의 죄에서 벗어날 길 없는 창기와 같은 존재로 색욕으로부터 빠져나올 수 없기에 구세주가 색욕의 함정으로 들어가 창기를 취하고 죄인이 됨으로써 인류를 구원한다"는 내용이다.[20] 여기에 세뇌당한 사람들은 결국 박명호의 손아귀에서 빠져나올 수가 없다.

---

20 http://www.amennews.com/news/articleView.html?idxno=12456, 「교회와신앙」, 홈〉뉴스〉이단&뉴스〉박명호(한농복구회, 구 엘리야복음선교원), "창기십자가의 비밀" 12월 8일 보도. 2012년 12월 07일.

물론 표면적으로는 유기농 먹거리 전문업체인 것처럼 사람들에게 홍보하고 있다.[21] 유기농 식품을 선호하는 많은 사람들, 특히 아이들의 안전한 먹거리를 추구하려는 엄마들 중에서도 〈돌나라 한농〉에서 제조한 식품들을 구매할 수도 있다. 그러나 이곳에서 제품들을 구매하는 재정들은 고스란히 교주 박명호의 배만 불리는 결과를 낳는다는 사실을 간과하면 안 된다. 결국 〈돌나라 한농 복구회〉 집단의 내부 실체는 교주 박명호와 수차례 성관계를 가졌다는 한 여성의 폭로로 인해 세상에 드러나게 되었다.[22] 결국 이단 사이비 집단은 2세들을 가스라이팅하여 교주 자신만을 숭배하게 만들도록 여전히 그 탐욕의 세뇌 교육을 더욱 교묘하게 진행하고 있는 것이다. 이러한 악행들은 이미 〈단월드〉와 같은 곳에서 '뇌교육'이라는 이름으로도 어린이집이나 학교에서조차 은밀하면서도 교묘하게 자행되고 있다.[23] 또한 〈하나님의 교회〉는 경기도 성남 분당에 위치한 '샛별선교원'이라는 곳을 운영하며 이단 2세인 다음 세대 교육을 은밀히 집중하고 있다.

21　http://www.doalnaratrade.com/main/sub.html?pageCode=3. 돌나라 한농 홈페이지. ; https://hannongmall.com. 한농마을 홈페이지.

22　https://www.news1.kr/society/general-society/5196672. 「뉴스1」, "서방님 아기 몇명 낳아 드릴까요" … 사이비 '돌나라' 교주 실체 폭로, 2023년 10월 12일, 김학진 기자.

23　https://www.youtube.com/watch?v=vX3aP1zcCho. [CBS뉴스] 단월드, 사이비종교 아니라더니… "이승헌을 영혼의 아버지로 숭배", CBS크리스천노컷뉴스. ; http://www.churchheresy.com/news/articleView.html?idxno=1426. 「종교와진리」, HOME〉뉴스〉오피니언, '단월드'나 '파룬궁'이냐… 사이비종교 '맞다!', 2024년 05월 06일.

샛별 선교원

샛별 선교원은 어른들의 꿈, 내일의 희망인 우리 아이들과 함께 생각하고 함께 느끼며 희망
가득한 내일을 그려가기 위해 설립한 교육 시설입니다.

얼핏보면 이단 사이비 집단에서 제공하는 '찬양'이나 '온라인 교육 영상', '교육 기관', '제품', '대학교', '복지 기관'은 정통 기독교와 분별이 어려울 정도로 화려하고 정교하며 매력적이기도 하다. 그만큼 지금 수많은 이단 사이비 집단에서는 교육부 승인을 활용 여부와 상관없이 자신들의 집단 내부에서 은밀하고도 교묘하게, 그리고 아주 치밀하게 거짓된 이단 사상들을 '이단의 다음 세대인 이단 2세들'에게 집중적으로 교육함으로써 자신들이 지금 가스라이팅 당하는지조차 모를 정도로 그들을 세뇌시키고 있다. 결국 이단 2세대들은 교주의 입맛에 맞게 잘 길들여져 갈 것이다. 그리고 '피해자'의 상황에서 점점 '가해자'로 변해 갈 것이다. '서툴고 순박한 가해자'에서 '악랄하고 괴물 같은 종교 사기꾼으로서의 가해자'로 점점 더 진화해 갈 수도 있다. 그리하여 반사회적인 행동들을 아무런 거리낌없이 일삼으며 수많은 피해자들을 양산해 갈 것이다. 오늘 지금 이 시간에도 말이다.

◗ 교회 안 다음 세대와 교회 밖 이단 2세를 위한 한국 교회의 대응 전략

그렇다면 과연 한국 교회는 교회 안 다음 세대를 위해, 그리고 교회 밖 이단 2세들을 위해 어떠한 준비를 해야 할까? 필자는 크게 두 가지를 대안으로 제시하고자 한다. 사실 대안이 많은 것보다는 실제로 실천 가능한 것인지를 더 고민해야 하지 않을까 싶어서 두 가지로만 대안을 압축하고자 하였다.

첫 번째 대안은 바로 갈라디아서 1장 11절을 통해서 확인하고자 한다.

> "형제들아 내가 너희에게 알게 하노니 내가 전한 복음은 사람의 뜻을 따라 된 것이 아니니라."

한글 성경에는 11절에 아무런 접속사가 없지만, 헬라어 사본에는 접속사가 나온다. 그런데 이 접속사는 보통 '이유'를 나타낸다.

하지만 본절의 경우에는 문맥의 흐름으로 볼 때, '그러나'로 번역하는 것이 좀 더 자연스럽다. 다시 말해, 바울은 11절의 접속사 '가르(γὰρ)'를 통해 자신은 10절의 전제된 내용처럼 결코 살지 않았다는 사실을 강조하고 있다. 그렇다면 11절에서 바울이 말하려는 핵심은 무엇일까?

갈라디아교회의 영적인 위기를 해결할 수 있는 궁극적인 방법은 '단 하나뿐'이라는 것이다. 그것이 뭘까? '갈라디아교회 성도들이 이미 들었으나 너무나 어이없게 망각한 채 던져버렸던 그 복음을 다시금 반복적으로 상기하고, 주목하도록 강조하는 방법' 외에는 없다는 것이다. 쉽게 말하자면, 끊임없이 복음의 진리를 증거해야 한다는 의미이다. 구원이 무엇인지 지속적으로 알려 줘야 한다는 것이다.

오늘날 다음 세대를 고민하는 많은 사역자들이 한국 교회 다음 세대를 위해, 특히 이단 2세들과 교회 안 다음 세대들을 위해 어떤 대안이 있어야 하는지 고민하고 있다. 그런데 '이미 주어진 대안'을 뒤로한 채 새로운 대안들만 찾아봐야 과연 어떤 의미가 있을까?

바울은 '이미 주어진 대안'을 다시금 비밀병기로 꺼내들었다. 그것은 바로 '다른 복음'이 아닌 '올바른 그 복음'이어야 한다는 것이다. 이것은 뭔가 새롭고 신선한 어떤 것이 아니다. 갈라디아교회 성도들이 이미 들었고, 이미 배웠고, 이미 알고 있는 복음이다.

다만 한 가지 주목할 것이 있다. 바울을 통해서 이미 들었고, 이미 배웠고, 이미 알고 있는 그 복음을 그들이 지금은 너무나 어이없이 망각하고 던져버렸다는 것이다. 처음부터 있지도 않았던 '거짓된 복음', '다른 복음' 때문에 말이다. 그럼에도 바울은 다른 것으로 대안을 찾지 않고, '다시 그 복음'으로 신앙의 개혁과 진정한 대안을 제시하고 있는 것이다.

필자는 교회 안 다음 세대들이나 교회 밖 이단 2세들에게나 여전히 동일하게 한국 교회가 준비해야 할 대안은 바로 '다시 그 복음'뿐이라고 말하고 싶다. 이것을 위해 한국 교회는 다시 '성경을 바르게 읽어 내는 거룩한 연습과 몸부림'을 감당해야 한다. 이러한 대전제 없이는 그 어떠한 프로그램들을 대안으로 제시해 봤자 결국 또다시 되돌이표가 될 수밖에 없다고 생각한다. 이 첫 번째 대안에 대해 한국 교회 목회자들부터 먼저 실제적으로 최선으로 몸부림치며 실천하지 않는 한, '교회 안 다음 세대들'과 '교회 밖 이단 2세들'을 다시금 말씀 앞에 잘 세워 갈 수 있는 방법은 없다고 말하고 싶다.

이러한 대전제 가운데 필자는 두 번째 대안을 말하고 싶다. 그것은 바로 '공동체 훈련'이다. 갑자기 생뚱맞게 무슨 '공동체 훈련'인가라고 생각할 수도 있다. 이것은 '공동체 게임'이 아니다. '공동체 훈련'은 먼저 한국 교회 안에서부터 연습해야 할 주제라고 생각한다. '교회 공동체'와 '가정 공동체' 가운데 '기준과 질서'에 대한 '상호 존중의 예절 연습'이 필요하다. 오늘날 시대는 '평등'과 '개인의 자유'와 '인권'은 강조되면서 정작 '책임'과 '상대에 대한 존중과 배려'는 너무 가볍게 여겨지고 있는 거 같다. 기존의 정통 교회에 속한 한국 교회 성도들과 목회자들이 '교회 됨의 기준과 질서'가 무엇인지 보여 주지 못하고, '가정의 기준과 질서'가 무엇인지 보여 주지 못하면서 이단 사이비 집단에서 탈퇴한 '이단 피해자들'과 '이단 2세들'을 과연 제대로 품을 수 있고, 올바른 교리와 기준과 질서에 대해 정립하도록 교육이 가능할까?

무조건 불쌍한 시선으로만 그들을 바라보고 조심스럽게만 다가가려고 한다고 해서 그들을 품어 주는 것이 아니고, 도와주는 것이 아니다. 그냥 평범하게, 자연스럽게 대해 주는 것이 제일 좋다. 괜히 이상한 시선으로 바라보지 않는 게 더 중요하다. 다만 정통 기독교인 한국 교회 안에서부터 '교회가 교회 되는 기준과 질서'를 잘 연습하고 보여 줘야 한다. '가정 공동체의 기준과 질서'에 대해 교회에서부터 일반은총 영역 가운데 지속적으로 교육하고 지도해 주어야 한다. 그러한 가운데 기존 교회 공동체 안의 성도들부터 교회의 기준과 질서를 잘 따르려고 노력하고 연습해야 한다. 가정에서도 그러한 상호존중과 피차 순종하려는 경건의 삶의 몸부림이 있어야 한다. 이러한 초석과 같은 디딤돌의 실천이 한국 교회 가운데 먼저 잘 정립되어 갈 때, 이단에서 탈퇴한 이단 피해자들 및 이단 2세들도 아주 조심스럽게 한국 교회 울타리 안으로 들어와 조금씩 내딛으며 적응해 갈 수 있을 것이다.

그러기 위해서는 이단 2세들에게만 응원을 보내서는 안 된다. 한국 교회부터 아니 우리 자신부터 먼저 거룩한 용기를 내야 한다. 사랑의 용기를 내야 한다. 우리끼리만 뜨거운 열심을 내고 단합하는 것에서 멈추지 말고, 그 올바른 복음의 내용과 사랑의 마음을 가지고서 이단 피해자들과 이단 2세들이 그 위태로운 상황에서 나와 한국 교회를 향해 시선을 돌릴 수 있도록, 다시금 그들이 우리 안으로 기꺼이 들어오도록 우리 자신부터 먼저 함께 머리를 맞대어 고민하며, '다양한 사랑의 징검다리' 역할을 시도해야 한다.

CHAPTER 4

흔들리는 교회 학교, 흔들리는 다음 세대

"교회 교육의
VUCA 시대 뒤집기"

"준비 없이는 새로운 목회 세상을 대처할 수 없다."

- 톰 레이너 -[1]

풀리처상을 수상한 문학평론가이자 뉴욕타임스 서평가인 미치코 가쿠타니는 그의 저서 『거대한 물결』에서 요즘 시대를 이렇게 말한다: VUCA.[2] VUCA는 1980년대 말 미국 육군대학원이 냉전 시대보다 더 예측하기 힘든 당시 상황을 설명하기 위해 만든 군사 용어다. 전쟁터에서 시시각각으로 바뀌는 상황을 표현하는 4가지 영어 단어 Volatility(불안정성), Uncertainty(불확실성), Complexity(복잡성), Ambiguity(모호성)의 앞글자를 따서 만든 신조어이다. 불안정성, 불확실성, 복잡성, 모호성.

1 톰 레이너, 『코로나 이후 목회』, 두란노서원, 2020.
2 미치코 가쿠타니, 『거대한 물결』, 돌베개, 2024.

이 4가지 단어를 읊으면서 머릿속에 전쟁영화의 한 장면이 자동 재생되었다. 전쟁터에 미래는 없다. 죽느냐 사느냐의 생사의 갈림길만 있다. 이 길은 불안정하고 불확실하다. 시시각각 터지는 상황은 복잡하다. 고지가 보이지 않는 상황은 모든 게 모호하다. 온 인류가 지난 3년간 코로나 팬데믹이라는 전쟁 같은 상황을 치렀다. 이제 이런 군사용어가 우리를 점령했다. 특별히 다음 세대를 위한 교회교육 현장은 전쟁터의 한복판을 방불케 한다. 바야흐로 교회교육의 VUCA 시대가 도래한 것이다.

교회교육의 VUCA 시대 앞에서 고민하는 저자에게 한 사람이 떠올랐다. 세계적인 경영 컨설턴트 스티브 도나휴(Steve Donahue)다. 스티브 도나휴는 20대 시절 40일 동안 사하라 사막을 걸었다.[3] 도나휴는 사막에서 길을 잃으면 지도가 아닌 나침반을 보라고 조언한다. 그런데 만약 나침반이 없다면 하늘의 나침반, 북극성을 보라고 한다. 왜냐하면 북극성은 어느 곳에서 보든지 북극성이 있는 곳이 정북 방향이기 때문이다. 스티브 도나휴가 40일 동안 걸은 광야를 모세는 40년 동안 걸었다. 모세는 광야 전문가이다. 그는 광야에서 생존한다. 광야를 통과하여 최종목적지인 가나안을 눈앞에 두고 모세는 잠시 걸음을 멈춘다. 그리고 광야를 통과하는 영적인 원리를 설교한다. 이 설교가 바로, 우리가 사랑하는 신명

---

3   스티브 도나휴, 『사막을 건너는 여섯 가지 방법』, 김영사, 2009.

기 말씀이다. 그가 밝힌 광야를 통과하는 영적인 원리는 바로, 하늘의 나침반, 내 영혼의 북극성, 하나님의 말씀으로 돌아가는 것이다. 모세가 걸은 광야를 지금 한국 교회 주일학교가 걷고 있다.

코로나 바이러스는 기독교 교육의 지각 변동을 촉발시켰다. 이전까지 기독교 교육의 장은 교회였다. 부모는 일주일에 한 번 교회에 자녀들을 데려다 주는 것으로 자신의 역할을 다했다고 생각했다. 자녀의 신앙교육은 교회에서 담당 교역자의 일이라고 여겼다. 하지만 코로나 시대는 가정이 다음 세대의 주일학교가 되길 요구했다. 또한 가정이 기독교 교육기관으로서 본래의 사명을 다시 회복할 것을 강조했다. 가정에서 서로 다른 세대가 사명으로 세대 통합되어야 한다. 가정에서 이 세상의 가치관에 맞설 기독교 세계관이 전수되어야 한다. 부모의 신앙이 가정의 기념비가 되고 모든 세대는 하나님을 예배해야 한다.

오늘이라는 시간은 위기와 기회의 연속이다. 위기는 우리 인생에 늘 따라다니는 별책 부록이다. 하지만 위기는 아직 결론이 나지 않은 열린 결말의 스토리이기도 하다. 위기는 새로운 기회가 될 수 있는 무한한 가능성을 가진다. 뇌과학자 장동선 박사는 갑각류의 성장 비결을 이야기했다.[4] 갑각류는 뼈가 없는 대신 단단한

---

4 생각의 오류 수정 연구소, "단단한 껍질을 가진 갑각류는 어떻게 성장할까?", https://vic-uncle.tistory.com/entry/단단한-껍질을-가진-갑각류는-어떻게-성장할까

껍질을 가졌다. 단단한 껍질에 둘러싸인 갑각류가 성장하기 위해선 허물을 벗어야 한다. 기존의 껍질을 놔둔 채 허물을 벗고 나올 때 가장 연약한 상태가 되지만 이때 갑각류는 성장한다. 인류의 역사 역시 그랬다. 14세기에 돌았던 흑사병은 위기였다. 하지만 이를 통해 중세 유럽이 무너지고 근대라는 새로운 질서가 구축되었다. 1918년 스페인 독감을 겪은 후 의료 서비스가 확대되고 전염병에 대한 국제협력이 합의되었다. 위기는 기존의 패러다임을 넘어 근본적인 변화가 가능한 분수령, 힌지 모멘트(Hinge moment)이다. 오늘날 교회교육의 위기가 교회교육의 미래를 준비하는 위대한 기회가 되길 소망한다.

⚪ VUCA 시대, 교회교육 현장 진단

불안정한 시대, 영적 주의분산 현상

코로나 바이러스가 촉발시킨 먼저 온 미래 앞에 우리는 당황했다. 특히, 기존의 주일학교 모델은 큰 위기를 겪었다. 교회교육 현장은 현재 엔데믹(endemic)을 선포하였다. 하지만 여전히 많은 아이들은 교회로 돌아오지 않고 있다. 2024년 1월 기준, 여전히 교회학교가 코로나 이전으로 회복하지 못했다고 판단하는 담임 목회자가 전체의 63%에 달한다.[5] 한국 교회 주일학교의 장기결석

---

5   목회데이터연구소, 「한국 교회과제 발견을 위한 조사」, 2024.

자 중에 대부분은 코로나 시기에 발생한 장기결석자들이다. 엔데믹이라는 선포가 무색하게 겉으로 드러나는 지표는 여전히 팬데믹이다. 한국 교회 주일학교는 바나나와 같은 표리부동의 상태이다. 겉은 노랗지만, 속은 하얀 바나나처럼 다르다. 교회교육은 엔데믹을 표방하지만 실제 현장은 여전히 팬데믹 시기와 큰 차이가 없다.

이것은 다음과 같은 질문 앞에서 더욱 확실해진다. 2025년도 우리 교회 주일학교의 교육전략은 무엇인가? 팬데믹 위주로 준비할 것인가, 아니면 엔데믹 위주로 준비할 것인가? 정답은 없다. 상황과 환경을 면밀히 분석하여 최적의 대안을 찾아야 한다. 그런데 현재 상태를 파악하는 게 힘들다. 한국 교회 주일학교는 팬데믹과 엔데믹 사이의 어느 지점에 위치한다. 그런데 그 누구도 정확히 어느 지점인지는 계측하지 못한다. 지금의 한국 교회 교회교육은 불안정한 상태이다. 코로나를 기점으로 교회교육은 날씨가 아닌 기후가 바뀌었다. 날씨는 하루에도 수차례 바뀌기 마련이지만 기후는 쉽게 바뀌지 않는다. 그러나 기후가 바뀌면 기존의 생태계는 무너진다.

이런 관점에서 교회교육의 생태계가 불안정하다. 부모는 신앙교육의 주체가 되어야 한다. 이게 하나님의 신앙교육의 청사진이다. 정작 부모는 신앙교육에 큰 관심이 없다. 아니 하려고 해도 어떻게 해야 할지를 모른다. 설상가상으로 한국 교회는 이들의 손에 쥐여 줄 그 무엇도 그동안 준비하지 못했다.

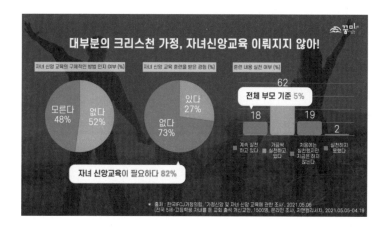

위 조사결과에 따르면, 자녀 신앙교육의 구체적인 방법을 모른다고 응답한 가정이 전체의 48%이다. 나머지는 신앙교육의 구체적인 방법이 없다고 이야기한다. 그런데 더 심각한 사실이 있다. 한국 교회가 이런 가정을 어떻게 도와줘야 할지를 잘 모른다. 교회교육의 커리큘럼에서 자녀의 신앙교육 훈련은 그동안 외면받았다. 이게 전체 기독교 가정의 72%에 육박한다. 아는 만큼 보인다. 지식은 행동의 근간이다. 훈련받지 못한 부모가 신앙교육의 주체가 되지 못하는 것은 자명하다. 그동안 한국 교회는 부흥의 큰 물줄기 이면에 가려 이러한 문제가 곪아가고 있었다. 결과는 처참하다. 정기적인 신앙교육을 하는 가정이 전체 기독교 가정의 5%

에 불과하다. 가히 충격적이다. 신앙교육의 주체가 되어야 할 부모의 시선이 하나님에게서 분산된 것이다.

얼마 전에 책 한 권을 읽었다. 책 제목이 『다시, 책으로』이다.[6] 이 책의 저자인 매리언 울프(Maryanne Wolf) 교수는 인지 신경학자이자 아동발달학자이다. 그녀는 국제 난독증 협회와 미국 심리학회 최고상을 거머쥔 세계적인 권위자이다. 그녀가 위대한 학문적 업적을 남길 수 있었던 특별한 이유가 있었다. 그것은 바로, 사랑하는 아들의 난독증 때문이다. 난독증은 글을 유창하게 읽지 못하고 정확하게 쓰지 못하는 학습 장애이다. 매리언 울프 박사는 난독증의 원인을 좌뇌와 우뇌의 연결 기능이 떨어지고, 오작동할 때 일어난다고 진단한다. 이런 그녀가 오늘 우리의 다음 세대가 마치 난독증에 걸린 것 같다고 진단한다. 그녀는 현대 사회를 주의분산시대로 정의한다. 주의력이란, 한 대상에게 관심을 집중하여 기울이는 힘을 뜻한다. 주의력은 집중력이다. 스마트폰이 인체의 일부가 된 현대인은 차분하게 한 가지에 집중하기 힘들다. 디지털 기기를 손에 든 스마트한 인류는 주의분산이라는 또 다른 문제를 마주하게 되었다.

그런데 이런 현상은 우리의 다음 세대의 신앙생활과 직결된다.

---

6 매리언 울프, 『다시, 책으로』, 어크로스, 2019,

한국십대선교회 회장 김상준 목사에 따르면 청소년 복음화율이 3%라고 한다.[7] 학자들은 소위 정통 보수 기독교라고 말하는 올바른 크리스천 청소년들은 3% 미만일 것으로 추정한다. 청소년 세대는 그야말로 극소수의 크리스천 시대를 살고 있다.

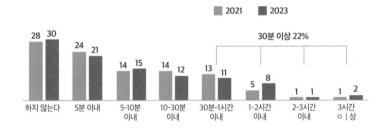

교회출석 청소년의 하루 신앙생활
5분 이내 51%, 30분 이상 22%

[그림] 하루 중 신앙생활 정도 _ 이전 조사 비교(%)

<출처> 목회데이터연구소 '한국 교회 트렌드 2024 조사(청소년 대상)'
(전국 교회출석 중고생, 500명, 온라인조사, 지앤컴리서치, 2023.05.12~24)

3% 미만의 크리스천 청소년들의 경건생활은 더 충격적이다. 목회데이터연구소에 따르면, 하루에 개인 경건생활을 5분 미만으로 하는 청소년이 절반을 넘었다. 30분 이상인 청소년이 약 20%에 그쳤다. 현재 우리의 다음 세대는 급격히 줄어들고 있다. 그리고 그들의 주의력은 세상에 분산되어 있다. 교회교육은 영적 주

---

7   임보혁, "3% 불과한 복음화율 끌어올리자", 국민일보, https://www.kmib.co.kr/article/view.asp?arcid=0020265926&code=61221111&cp=nv

의분산현상을 직면하고 있다.

불확실한 시대, 무신론 세대

우리의 다음 세대는 이전과는 전혀 다른 새로운 세대이다. 다음
세대는 종교에 대해 불확실하다. 이러한 성향은 탈종교화 현상으
로 두드러진다.

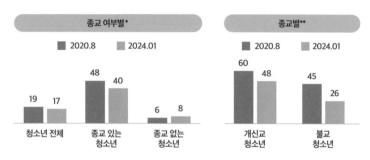

[그림] 나에게 종교의 필요성 인식 (청소년, '매우+약간 그렇다' 비율*, %)

<출처>
2020. 08. : 대한예수교장로회총회(합동), '코로나19시대 교회생태계 지형 변화 조사', 2020.10.04 (전국 중고
생 1,000명. 온라인 조사, 2020.08.08.-09.14.)
2024. 01. : 목회데이터연구소, '청소년 라이프스타일과 인식에 대한 조사', 2024.02.02. (전국 중고생 700명,
온라인조사. 2023. 12.28.-01.03.)
*4점 척도   **가톨릭 청소년 비율은 사례수가 적어 표시하지 않음

위의 그래프에서 종교가 필요하다고 느끼는 청소년이 2020년
19%에서 2024년 17%로 2% 감소했다. 이는 자칫 미미한 변화처
럼 보인다. 하지만 이를 뒤집어 바라볼 필요가 있다. 종교가 필요
없다고 생각하는 청소년을 기준으로 위 그래프를 보면 심각해진
다. 종교가 필요 없다고 느끼는 청소년은 2020년에 81%에 육박

한다. 2024년에는 83%로 증가한다. 탈종교화 현상은 급부상한 문제가 아니다. 과반이 훌쩍 넘은 대세가 되었다.

탈종교화를 넘어 새로운 문제가 대두되었다. 그것은 바로 이론으로 무장한 무신론 세대의 출현이다. 위의 그림에서 오른쪽 그래프는 종교별 표본 집단을 기준으로 한다. 개신교 청소년들 중에서 2020년에 60%가 종교의 필요성을 느낀다. 하지만 2024년에 이 수치는 48%로 떨어진다. 이 지점에서 뒤집어 생각해보자. 종교가 필요하지 않다고 느끼는 개신교 청소년이 4년 사이에 40%에서 52%로 증가한 셈이다.

탈종교화 현상의 증가세 2%의 6배에 달하는 수치이다. 이는 2가지로 해석된다. 첫째로, 탈종교화 현상은 이미 오래전부터 지속되었다. 둘째로, 최근 4년 사이에 탈종교화 현상이 아닌 새로운 문제가 나타났다. 개신교 성도가 종교의 필요성을 부정한다? 이 말을 어떻게 받아들여야 할까? 기독교는 한자로 基督教이다. 영어로 Christianity이다. 기독교의 '基督'이 바로 예수이고 'Christ'가 Jesus Christ이다. 개신교 청소년들이 종교가 필요 없다고 느끼는 것은 결국, 예수가 필요 없다고 느끼는 것과 같다. 그들에게 신앙생활은 예수님과의 동행이 아니다. 그들은 신앙생활을 일주일에 한 번 클릭하는 스마트폰의 기독교 애플리케이션으로 이해한다. 주일에 1시간 온오프라인으로 예배드리는 것을 신앙생활의 전부로 착각한다. 거기서 한 걸음 더 나아가, 예수님을 종교계 유튜브 채널의 파워 인플루언서 정도로 오해한다. 그들에게 예수님은 내 인생의 구세주, Messiah가 아니라 나로 가득한 Me-ssiah이다. 종교 행위에 매몰되어 나의 삶에 예수의 자리는 없다. 다음 세대는 다양한 문화 컨텐츠에 담긴 무신론을 맹신한다. 다음 세대는 어느새 이론으로 무장한 무신론 세대가 된다. 하지만 부모 세대는 이들에게 기독교를 잘 변증하지 못한다. 불확실한 시대를 틈타 무신론 세대가 빠르게 일어나고 있다.

복잡한 시대, 절대 기준의 부재

현대 사회는 플랫폼 사회이다.[8] 플랫폼(Platform)은 기차역 '승강장' 이라는 뜻을 가진다. 내가 이용하는 기차역을 한번 떠올려보자. 저마다 행선지는 다르지만 기차를 타기 위해 승강장으로 몰려든다. 각자의 기호에 따라 창가에 앉거나 통로 쪽에 앉는다. 이용하는 승객은 한 가지 동일한 목적이 있다. 그것은 바로, 자신의 목적지에 가는 것이다. 이와 마찬가지로, 요즘 시대 플랫폼이라는 용어는 동일한 목표를 가진 이용자들이 모여 다양한 가치를 창출하는 구조를 뜻한다.

우리는 이미 수많은 플랫폼을 이용한다. 쿠팡, 배달의 민족, 당

---

8   한준 외 11인, 『플랫폼 임팩트 2023』, 21세기북스, 2022.

근, 컬리, 오아시스, 유튜브, 틱톡, 페이스북, 인스타그램, 네이버, 카카오톡, 에어비앤비, 카카오택시, 우버, 소카, 직방 등등 일상의 거의 모든 영역은 스마트폰의 애플리케이션으로 플랫폼과 연결된다. 플랫폼의 가장 큰 특징은 초연결성이다. 단 한 번의 클릭이 순식간에 거대한 플랫폼 속으로 이끈다. 내가 원하는 것을 빠르게 얻을 수 있다. 플랫폼의 빠른 속도 앞에 온라인 가상공간과 오프라인 현장 사이의 장벽은 순식간에 무너진다. 스마트폰으로 음식을 주문했는데, 집 앞에 그 음식이 도착한다. 플랫폼의 초연결성은 온오프라인 사이의 물리적인 거리와 시간 차를 뛰어넘는다. 나의 모든 필요를 현실의 물리적인 제약과 상관없이 내가 원하는 대로 마음껏 통제할 수 있다.

하지만 플랫폼은 강력한 편리성을 무기로 우리 일상을 장악한다. 플랫폼 안에 들어가는 것은 쉽지만 나오는 것은 굉장히 어렵다. 카카오톡을 나의 스마트폰에서 지우는 것은 쉬운 일이 아니다. 나는 문자 메시지로만 다른 이들과 소통하겠다? 거의 불가능에 가깝다. 2022년 8월 빅데이터 분석 플랫폼 모바일 인덱스 기준으로 카카오톡의 월 사용자 수는 약 4,310만 명이다.[9] 대한민국 국민의 대부분이 카카오톡을 쓰고 있다. 카카오톡으로 대화하지 않는다는 것은 거의 대인관계를 포기하는 것과 같다. 플랫폼은 우

9   김남영, 심석용, "카톡 끊기자 일상 멈춘 사람들 '탈 카카오'···초연결사회 역설", 중앙일보, https://www.joongang.co.kr/article/25109532

리 일상을 강력하게 통제한다.

얼마 전 호주에서 근로자들의 '연결되지 않을 권리'를 보장하는 법률이 시행되었다.[10] 회사가 퇴근 후 직원에게 연락하면 최대 8,000만 원이 넘는 벌금이 부과될 수 있다. 우리의 다음 세대 역시 플랫폼에 연결되지 않을 권리가 필요해 보인다. 다음 세대는 코로나 팬데믹으로 촉발된 '먼저 온 미래'를 살고 있다. 그들은 부모 세대와 전혀 다른 삶을 영위한다. 비대면 사회에 태어나 비대면 문화에 익숙한 이들이 갑자기 대면 사회로 강제전환되었다. 기성세대가 적응해야 할 New normal이 그들에겐 익숙한 삶의 방식이다. 오히려 기성세대의 Old normal이 그들에겐 New normal이다. 플랫폼이 일군 순간접속 시대, 초연결 시대는 다음 세대에게 매 순간 업데이트되고, 업그레이드될 것을 강요한다. 이는 마치 바벨론 왕립학교에 강제입학한 다니엘과 세 친구들과 같다.

"그들에게 갈대아 사람의 학문과 언어를 가르치게 하였고"(다니엘 1:4b).

바벨론 왕립학교의 교육 내용은 갈대아 사람의 학문과 언어였다. 갈대아 사람은 바벨론을 정복하여 갈대아 왕조를 세운 바벨론의

---

10 하수영, "호주 '퇴근 후 연락하면 벌금 8,500만원' 법률 도입", 중앙일보, https://www. joongang.co.kr/article/25273096

지배계층이었다. 그들은 점성술과 천문학에 능통했다. 전통적인 학문을 가르치고 보존하는 역할을 하였다. 갈대아 사람의 학문과 언어는 갈대아인들의 과학과 언어학이 결합된 지식으로 해석하는 게 성경학자들의 일반적인 해석이다. 그때 당시의 모든 과학 저술은 점토판에 바벨론식 설형문자로 새겨졌다. 따라서 이 내용을 읽고 해석할 수 있도록, 갈대아 사람의 언어인 아람어와 바벨론어 그리고 설형문자 쓰기 훈련을 철저히 했을 것으로 추정된다. 다니엘은 이중, 삼중언어를 사용해야 하는 엄청난 중압감을 받았을 것이다. 언어는 사고를 지배한다. 사고가 지배되면, 행동 역시 지배된다. 바벨론 왕립학교는 다니엘과 세 친구들에게 새로운 기준을 강제로 적응시켰다. 그들의 삶은 복잡했을 것이다. 다른 기준들이 많아지면, 절대 기준은 금세 무너진다. 생각이 복잡하면 흔들리기 마련이다. 오늘의 다음 세대를 보면, 바벨론 왕립학교의 다니엘 세대가 연상된다. 절대 기준이 복잡한 시대에 희미해지고 있다.

모호한 시대, 느슨한 가정

1990년대 중반 이후부터 2000년대 초반에 태어난 세대를 Z세대로 분류한다. 박준영 크로스IMC 대표가 Z세대 300명의 핸드폰을 열어봤다.[11] 그리고 그들이 자주 사용하는 스마트폰 앱을 정리하

---

11   박준영, 『Z의 스마트폰』, 컴앤파커스, 2022.

였다. 카테고리가 총 11개이다. 뷰티, 건강, 음식, 자기계발, 게임, 쇼핑, 심지어 금융까지 거의 모든 일상이 다 플랫폼과 연결되어 있다. 11개의 카테고리 아래 토탈 80여 개의 앱을 사용한다. 하루에 80여 개의 앱에 접속하니까 자는 시간과 학교 가는 시간 빼고 남는 시간을 10시간이라고 가정하면, 스마트폰의 애플리케이션 80개만 해도 한 애플리케이션 당 사용가능 시간이 7.5분밖에 되지 않는다. 그러니까 손에서 스마트폰을 떼지 못하는 것이다.

이것은 안타깝게도 Z세대만의 이야기가 아니다. 현대인은 남녀노소를 불문하고 기성세대와 다음 세대 모두 플랫폼에 갇혀 산다. 이들이 모인 가정 역시 플랫폼의 직격탄을 피할 수 없다. 플랫폼에 연결될수록 내 인생의 소중한 관계는 느슨해진다. 우리 인생의 가장 소중한 관계는 하나님과의 관계, 그리고 사랑하는 가족들과의 관계이다. 그런데 플랫폼에 초연결될수록 이 두 가지 관계는

소홀해진다. 하나님과의 예배시간, 기도시간, 경건의 시간 그리고 사랑하는 가족들과의 퀄리티 타임은 정말 중요하다. 하지만 플랫폼이 우리 일상을 장악하면 가장 소중한 관계에 시간이 절대적으로 부족해진다. 부족한 시간은 결국 관계의 단절로 이어진다.

이것은 가정의 신앙생활에도 악영향을 끼친다. 가족 구성원들이 플랫폼에 갇히면, 가장 큰 문제는 부모와 자녀 사이의 신앙 대화가 사라진다. 그리고 가정예배도 사라진다. 부모로부터 자녀에게 전해져야 할 신앙과 사명이 플랫폼이라는 거대한 벽에 가로막힌다. 온 가족이 저녁에 집에 모이면 식탁에서 따스한 대화를 하지 않는다. 찬양과 말씀 소리는커녕 각자 스마트폰 하는 소리뿐이다. 부모와 자녀 사이에 신앙의 대화는 사라지고, 온라인 채팅창에서 각자의 대화상대와 채팅만 한다. 저자는 이러한 가정을 '플랫폼 하우스'라고 부르겠다. 플랫폼 하우스는 가족 구성원이 플랫폼 안에 갇혀 하나님과 부모와 자녀 세대의 관계가 마비된 가정을 뜻한다. 플랫폼 하우스의 증상은 다음과 같이 예상된다. 여러분도 한번 셀프 체크해보기 바란다.

첫째로, 가정예배를 소홀히 여긴다. 부모와 자녀 사이의 대화가 단절되면 영적인 대화도 단절되며, 결국 가정예배마저 중단된다. 신앙의 세대 계승과 사명의 세대통합을 이룰 수 없다. 주일예배마저도 온라인으로 집에서 드리려는 자녀와 예배현장에서 드리기 원하는 부모님 사이에 그야말로 매 주일 전쟁이 일어난다.

둘째로, 부모의 영적 권위가 사라진다. 플랫폼에 갇혀 하나님과 깊은 교제가 사라진 부모는 자녀의 영적인 롤 모델이 될 수 없다. 이런 부모는 하나님의 말씀에 순종하지 않는다. 교회는 다니지만, 이 세상의 힘의 논리와 자본의 힘을 의지하여 살아간다. 주중과 주말이 이원화된다. 교회 안과 밖이 다르다. 결국, 자녀들은 부모의 신앙을 이중적으로 판단하게 될 것이다.

셋째로, 자녀는 하나님의 비전이 아닌 세상의 야망을 추구한다. 플랫폼은 자신의 만족을 추구한다. 플랫폼에 갇혀 있어도 물론 하나님을 지지할 수 있다. 하나님과 친밀감도 느낀다. 하지만 하나님을 위해 나를 희생하지 않는다. 하나님을 위한 헌신은 없다. 인생의 중심에 내가 있을 뿐이다. 이런 성도는 하나님의 존재보다 내 인생의 조건이 더 중요하다.

결국, 플랫폼 하우스는 가족 간의 정서적인 유대감으로 연결된 Home이 아닌 물리적인 생활공간 House로 전락한다. 부모와 자녀 사이의 영적인 친밀감은 기대하기 어렵다. 오히려 현실의 가정보다 온라인 가상공간의 소속감이 더 크다. 플랫폼 하우스는 다음 세대에게 정서적인 안정감을 줄 수 없다. 느슨한 가정에서 다음 세대가 흔들리고 있다.

◐ 교회교육의 VUCA 시대 뒤집기

성경에도 전쟁 같은 일상을 살았던 다음 세대가 많이 있다. 그중 우리에게 친숙한 다니엘과 세 친구, 다니엘 제너레이션이 가장 먼저 떠오른다. 다니엘서는 첫 시작을 심지어 전쟁으로 시작한다.

"유다 왕 여호야김이 다스린 지 삼 년이 되는 해에 바벨론 왕 느부갓네살이 예루살렘에 이르러 성을 에워쌌더니"(다니엘 1:1).

다니엘 제너레이션은 실제로 전쟁을 경험한 VUCA 세대이다. 그 인생이 불안정했고, 불확실했으며 복잡했고 모호했다. 하지만 하나님의 사람 다니엘은 VUCA 시대를 뒤집었다.

[다니엘의 VUCA 시대 뒤집기]

Volatility 불안정성 ➡ Vision 사명

Uncertainty 불확실성 ➡ Upgrade 변화

Complexity 복잡성 ➡ Courage 담대함

Ambiguity 모호성 ➡ Adaption 적응력

다니엘은 전쟁 같은 일상에서 하나님과 동행하는 천상을 경험했다. 그는 불안정한 시대에 하나님의 비전을 제시하며, 불확실한 현실을 삶의 예배로 업그레이드하며, 복잡한 문제를 담대한 용기로 돌파하며, 모호한 삶의 현장에 빠르게 적응하여 눈에 보이지 않는 하나님 나라를 세울 수 있었다. 교회교육이 회복될 때, 한국 교회의 다음 세대도 다니엘과 같이 시대의 문제를 뛰어넘는 믿음의 세대가 될 줄 확신한다. 간절한 마음을 담아 교회교육의 회복을 위한 4가지 대안, VUCA를 나누길 원한다.

Vision : 비전을 가정과 공유하라

미국의 기독교 사회학자이자 *The National Study of Youth & Religion Project*의 공동 디렉터인 크리스천 스미스(Christian Smith)는 "자녀의 신앙이 어떠한지 알기 위해선 부모의 신앙이 어떠한지를 반드시 먼저 알아야 한다"라고 이야기한다.[12] 이 문장은 교육자와 학습자의 관계를 강조한다. 교육자는 부모이고, 학습자는 자녀이다. 교육자가 학습자보다 우선한다. 크리스천 스미스는 결국, 신앙교육의 주체로서의 부모의 역할을 강조한다.

교회에 다니는 청소년들에게 교회에 언제 처음 왔는지를 물어봤다. 교육기관에 들어가기 전에 가정에서 신앙교육을 한 친구들이 압도적으로 신앙을 유지했다.[13] 결국 신앙은 조기 교육이 중요하다. 가정이 신앙교육의 첫 번째 공간이다.

---

12 Christian Smith, *Soul Searching: The Religious and Spiritual Lives of American Teenagers*, Oxford University Press, 2009

13 목회데이터연구소, 『한국 교회과제 발견을 위한 조사』, 2024.

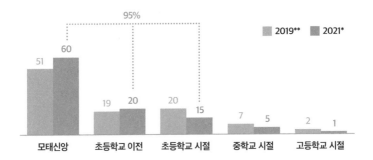

교회에 처음 나온 시기 (교회 출석 중고생, %)

95%

51 60

19 20

20 15

7 5

2 1

모태신앙   초등학교 이전   초등학교 시절   중학교 시절   고등학교 시절

■ 2019** ■ 2021*

<출처> *안산제일교회/목회데이터연구소, '2021 크리스천 중고생의 신앙생활에 관한 조사연구', 2021.6.17.
**2019년 자료 : 한국탐구센터/21세기교회연구소, '크리스천 중고생의 신앙의식 조사', 2019.12.6
***2021년 조사 시는 '코로나19 이후 신앙성장에 도움받은 것'으로 질문하였음.

정리하면, 부모와 가정은 신앙교육의 2가지 빅데이터이다. 부모는 반드시 신앙교육의 주체가 되어야 한다. 가정은 신앙교육의 거점 공간이 되어야 한다. 따라서 교회교육은 반드시 부모와 동역해야 한다. 그리고 가정과 함께해야 한다. 교회교육의 비전이 부모와 공유되어야 한다. 비전으로 교회와 가정은 연결된다. 비전은 서로 다른 둘을 연결하는 힘이 있다. 부모라고 해서 다 같은 부모가 아니다. 교회교육의 비전이 어느 정도 공유되느냐에 따라 부모는 단계적으로 변화된다.

우선, 교회교육의 비전이 전혀 공유되지 않으면 부모는 신앙교육에 전혀 관심을 가지지 않는다. 교회와 가정은 서로 어떠한 영향도 주지 못한다. 가정과 교회는 완전히 분리되어 있다. 이러한 교회는 프로그램을 중심으로 돌아간다. 교회는 역동적으로 사역한다. 부모도 자기 나름대로 자녀를 위해 애쓴다. 이런 부모는 자녀를 교회를 보내는 것으로 만족한다. 교회에 보내는 것, 캠프에 보내는 것 그리고 교회에서 끝나면 아이를 픽업해 오는 것이 전부이다. 코로나 이전 시점에 부모의 신앙교육은 여기까지였다. 좋은 아빠가 누구였나? 때맞춰 교회 데려다 주고 데려오는 아빠, 주일학교 끝나고 짜장면에 탕수육 사 주는 아빠가 최고의 아빠였다. 교회는 교회대로 열심히 하고 가정은 가정대로 열심히 하나 서로 시너지를 내지 못한다. 그냥 각자의 방향으로 각자도생(各自圖生)하는 것이다.

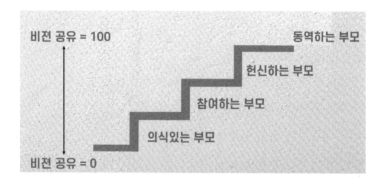

다음으로, 교회교육의 비전이 어느 정도 공유된 상태를 생각해보자. 이런 부모는 한국 교회의 다음 세대 사역에 대한 위기의식을 가진다. 교회 사역에 일정 부분 참여한다. 하지만 교회교육 활

동에 대한 전적인 헌신은 없다. 세상에 한 발, 교회에 한 발 걸쳐 놓고 지낸다. 이런 부모의 신앙교육은 위험할 수 있다. 2022년 미국 애리조나 크리스천 대학 문화연구센터의 조사에 따르면, 미국의 크리스천 가정의 4%만 기독교 세계관으로 자녀를 양육하고 있다고 한다.[14] 나머지 96%는 혼합주의적 세계관에 매몰되어 있다. 왜 이러한 일이 일어날까? 교회교육의 비전이 부모와 온전히 공유되지 않았기 때문이다.

가장 이상적인 상태는 교회교육의 비전이 가정과 온전히 공유되는 것이다. 교회교육의 비전을 지속적으로 공유하면, 부모는 신앙교육에 점진적으로 헌신한다. 헌신을 넘어 훈련을 통해 교회교육의 든든한 동역자가 된다. 교육철학이 없는 교육활동이 공허하듯, 비전이 공유되지 않은 동역도 허탈할 뿐이다. 교회교육의 비전을 지속해서 정기적으로 가정과 공유하라! 오프라인 현장에서도 모이고, 온라인에서도 만나라! 각종 온라인 컨텐츠로 제작하여 부모의 일상에 다양하게 노출시켜라! 씨를 뿌리면 언젠가 기쁨으로 거두는 날이 온다. 교회교육의 비전을 공유할 때, 부모가 신앙교육의 주체로 거듭날 것이다. 그리고 가정은 신앙교육의 거점 공간이 될 것이다.

---

14 George Barna, *A National Worldview of Parents and Pastors*, Arizona Christian University, 2022

Upgrade : 주일예배를 일상 예배로 확장하라

예배는 인간을 향한 하나님의 원안이다. 다음 세대의 회복은 반드시 예배의 회복에서 출발한다. 지난 3년여의 코로나 팬데믹으로 다음 세대 예배는 중단되었다. 한국 교회는 코로나 엔데믹을 선포하고 다음 세대 현장 예배를 재개했으나, 그 사이 많은 변화가 일어났다.

코로나 이전 대비 주일 현장 예배 참석률을 살펴보면, 코로나19 이전을 100%로 봤을 때 2023년 5월 기준 장년은 86%, 청소년 예배는 79% 수준까지 회복한 것으로 조사되었다.[15] 청소년 예배 회복도가 장년보다 더딘 것으로 나타났다. 다만, 올해 들어 '장년'의 현장 예배 참석률은 큰 변동 없이 80% 중반을 유지했고, '청소년 예배'의 경우 올 1월보다 현장 예배 참석률이 8%p 소폭 상승했다. 청소년의 예배 회복률이 장년보다 더 크다. 이는 앞으로 청소년의 예배가 더 많이 회복될 수 있음을 뜻한다. 또한 청소년들이 예배의 회복을 갈망하고 있고, 예배에 큰 영향을 받고 있음을 의미한다. 따라서 교회와 부서, 교역자와 교사가 어떻게 예배를 디자인하고 준비하느냐에 따라 다음 세대는 큰 영향을 받을 것이다.

만약 우리 부서의 주일예배가 침체되었다고 가정해 보자. 그렇다

---

15 목회데이터연구소, 『기독교통계(214호) 기독교 청소년 신앙 의식』, 2023.

면 주일이 지나 맞이하는 주중의 삶이 신앙적이길 기대하기 어렵다. 요즘 이 시대가 얼마나 감각적이고 자극적인가? 우리 아이들이 유튜브 플랫폼을 통해서 접하는 쇼츠 영상은 초 단위로 쪼개서 아이들을 자극한다. 쇼츠 영상이 아이들에게 주는 자극, 아이들의 감정을 터치하는 정서적 반응이 만약 주일예배를 압도한다면, 다음 세대의 일상이 쓰러질 것이다. 우선, 주일예배부터 다시 디자인해야 한다. 주일예배가 생동감 있고 활기차야 한다. 우리 부서의 교육철학이 선명하게 드러나야 한다. 아이들의 눈높이에 맞춰진 예배를 디자인해야 한다. 거기서 한 걸음 더 나아가 주일예배의 은혜가 일상의 예배로 확장되어야 한다.

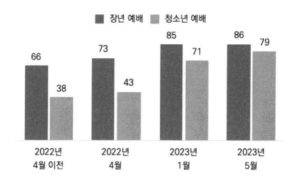

[그림] 코로나19 이전 대비 주일 현장 예배 참석 정도 (담임목사, %)

<출처>
2022 자료 : 대한예수교장로회(통합)/기아대책/목회데이터연구소, 한국 교회 코로나 추적조사 (대한예수교장로회 통합 초회 소속 담임목사 981명, 모바일 조사, 2022.4.27-4.30)
2023.1 : 한국기독교목회자협의회, '한국인의 종교의식과 신앙생활' (만 19세 이상 개신교인 2,000명, 온라인 조사, 2023.1.9-1.16)

아이들을 가슴 뛰게 하는 예배는 무엇일까 고민했다. 1주일에 1시간 단 1번 드리는 부서 예배의 한계를 뛰어넘는 일상의 예배를 꿈꿨다. 일상의 예배의 첫 시작은 가정예배이다. 가정예배가 세워지면 일상도 예배로 세워진다. 문득 모세의 스토리가 떠올랐다.

"더 숨길 수 없게 되매 그를 위하여 갈대 상자를 가져다가 역청과 나무 진을 칠하고 아기를 거기 담아 나일강 가 갈대 사이에 두고"(출애굽기 2:3).

출애굽기 2장 3절 말씀은 두 가지 내용이 담겨 있다. 갈대 상자의 제작 매뉴얼과 모세를 구하기 위한 구체적인 액션플랜이다. 우선, 주변에서 구하기 쉬운 갈대로 상자를 만들었다. 그리고 갈대 상자의 마감재와 방수제로 역청과 나무 진을 바른다. 이제 갈대 상자는 준비되었다. 그렇다고 무턱대고 갈대 상자를 나일 강에 띄우지 않았다. 3절 하반절 말씀을 다시 보자.

"아기를 거기 담아 나일강 가 갈대 사이에 두고"(출애굽기 2:3b).

모세의 부모는 나일강의 유속과 방향 등을 치밀하게 고려했다. 그래서 갈대 상자가 순식간에 떠내려가지 않도록 갈대 상자를 눈에 잘 띄는 갈대 사이에 숨겼다. 아기 모세의 안전까지 고려한 최상의 선택이었다. 모세의 부모는 하나님께 순종하기로 결단한 후, 구체적이고 실제적인 액션플랜을 세운 것이다.

일상이 예배가 되기 위해서는 우선 가정예배를 위한 액션플랜부터 세워야 한다. 주일예배와 가정예배는 전혀 다르다. 주일예배에서 신앙교육의 주체는 교사이다. 그리고 객체는 학생이고 매개체는 성경 말씀이며, 환경은 교회이다. 하지만 가정예배는 패러다임 시프트(Paradigm Shift, 인식의 전환)를 요구한다. 우선 신앙교육의 주체는 부모이고, 객체는 자녀이다. 매개체는 절대불변의 진리인 성경 말씀이고, 환경은 가정이다. 따라서 우리에게는 다음의 세가지 변화가 요구된다.

첫째로, 부모가 교사가 되어야 한다. 둘째로, 자녀는 학생이 되어야 한다. 셋째로, 가정이 예배실이 되어야 한다. 부모가 교사가 되기 위해선 적어도 세 가지 액션플랜이 필요하다. 첫째로, 부모는 자녀와의 친밀감을 회복해야 한다. 아무것도 방해를 받지 않는 양질의 시간, 퀄리티 타임을 확보해야 한다. 둘째로, 부모는 신앙의 지식을 전하고 올바른 신앙의 자세를 지도해야 한다. 셋째로, 부모는 자녀의 영적 성장에 큰 관심을 갖고 적극적으로 도와야 한다. 그리고 부수적으로, 가정이 예배실이 되기 위해선 신앙교육에 방해가 되는 대상은 제거해야 한다. 그리고 공과 내용 포스터와 그림 자료 등을 출력해 적절히 배치하여 분위기 연출에도 신경을 써야 한다.

가정예배의 작은 갈대 상자를 믿음으로 일상의 망망대해에 띄우자. 가정예배를 통해 주일예배가 일상의 예배로 확장되길 간절히 소망한다.

Courage : 교사/ 부모교육을 담대히 실행하라

안타깝게도 많은 주일학교 교사들이 분반 공부 시간을 잘 준비하지 않고 진행한다는 사실은 쉬쉬하지만 이미 오래된 사실이다. 한국 교회 주일학교 분반 공부 평균 시간이 약 13분이라는 통계조사가 있다. 13분은 분반 공부의 레슨 플랜을 구현하기에는 턱없이 부족한 시간이다. 분반 공부를 잘 준비해서 완전히 나의 삶을 통과할 때, 부족한 시간은 문제가 되지 않는다. 레슨 플랜에 맞춰서 아이들의 눈높이에 맞춰진 타격감 있는 효과적인 교육은 교사가 얼마나 준비하느냐에 달려 있다.

한국 교회는 지난 시간 동안, 부모교육을 어떻게 해야 될지를 명확하게 제시하지 못했다. 교사들이 학생들은 가르치지만, 부모들은 교육하지 않았다. 학생들에게는 관심을 많이 가졌지만 정작 신앙교육의 주체가 되어야 할 부모에 대해서는 큰 관심이 없었다. 어떤 선생님께 들은 이야기다.

"제가 참 교사 오래했지만, 부모님과의 통화는 너무나도 어려워요 목사님. 부모님과 통화하려고 신호 대기음이 계속 들리면 제 심장이 터질 것만 같아요."

왜 그럴까? 교사들이 학생에 대한 이해는 높지만, 부모라는 존재에 대한 인식 자체가 부족한 것이다. 교사는 부모에게 어떻게 교육적으로 접근해야 될지를 잘 모른다. 이런 부분에서 교회와 부서 교역자는 교사들의 손에 무엇인가를 쥐어줘야 한다. 그것은 바로, 전문화된 가정 사역과 체계적인 부모교육의 콘텐츠이다.

부모교육의 가장 큰 걸림돌은 다 함께 모일 수 없다는 것이다. 또 다른 문제점은 지속적이고 주기적인 교육이 어렵다는 점이다. 여기서 많은 교역자들이 무너진다. 교사, 부모교육을 포기한다. 우선, 기존의 현장 중심의 오프라인 부모교육은 유지해야 한다. 기존의 현장 중심 오프라인 부모교육은 온 가족이 함께 모여 드리는 세대통합 예배 형식으로 진행할 수 있다. 매 학기를 시작하며 진행하는 온 가족 특별새벽기도회, 초등학교 입학을 앞둔 예비 초등생 자녀의 가정이 함께 드리는 입학 예배도 가능하다. 이를 통해 신앙교육의 주체로서 부모의 소명이 재점화될 수 있다. 여기에 더해, 다양한 온라인 콘텐츠를 추가해야 한다. 온라인 콘텐츠는 교육내용이 다양할 수 있다는 장점이 있다. 교역자가 직접 제작할 수 있다. 또한, 다양한 기독교 교육기관의 영상을 활용해도 좋다. 공과 지침서 강의 영상을 교사뿐만 아니라 부모에게도 매주 제공해 보자. 성경 66권을 다 살펴볼 수 있다. 시대별, 세대별 다양한 이슈와 상황에 대해 부모로서의 올바른 기독교 세계관을 구축하도록 도와야 한다.

교사교육, 부모교육은 쉽지 않다. 어디서부터 어떻게 준비해야할지 막막할 수 있다. 하지만 담대함으로 도전하라! 하나님은 당신에게 지금 실행할 수 있는 용기를 원하신다.

Adaption : 학교사역에 빠르게 적응하라

다음 세대 신앙교육에 있어서 학교사역은 굉장히 중요하다. 왜냐하면, 기독교 교육의 목표는 세상을 복음으로 변화시킬 크리스천을 양성하는 것이기 때문이다. 우리의 다음 세대는 세상 속에서 자신의 정체성을 정립해갈 것이다. 따라서 교회는 학교에서의 전도사역에 대해 끊임없이 고민해야 한다. 우리 학생들이 가장 많이 몸담고 있는 학교라는 교육 거점 공간에서도 신앙교육은 반드시 계속되어야 한다.

학교는 신앙교육의 주요 거점 공간이다. 학교 앞에서는 만나기 힘든 아이들이 학교 안에는 다 있다. 심지어 불신자 아이들이 대부분이다. 학교에 교회를 세울 수 있다. 그게 스쿨처치이다. 스쿨처치는 두 가지 형태가 있다. 학교장의 인가를 받고 교역자가 학교 안으로 들어가는 자율동아리와 방과 후 학교 앞에서 만나는 기도 모임이 있다. 이미 많은 단체들이 스쿨처치 사역을 하고 있다. 구체적인 준비사항과 실행방법은 상세하게 안내받을 수 있다. 중요한 것은 우리 교회의 상황에 맞게 지금 시작하는 것이다!

다음 세대를 만날 수만 있다면, 새로운 스쿨처치 모델도 시도해야 한다. 교회가 학교로 찾아가는 기존의 방식뿐만 아니라, 학교를 교회로 초대하는 새로운 스쿨처치 모델도 가능하다. 교회 주변의 미션스쿨부터 파악하라. 미션스쿨은 지역교회와의 연합을 원한다. 교목 또는 교회 성도 중에 기독 교사가 있다면 보다 수월하다. 교회로 학교를 초대하면 집중력 있게 복음을 전하고 교회를 소개할 수 있다. 대부분이 불신자인 학생들이 교회와 기독교에 대해 마음의 문이 열리는 계기가 될 것이다.

> "다니엘은 뜻을 정하여 왕의 음식과 그가 마시는 포도주로 자기를 더럽히지 아니하리라 하고 자기를 더럽히지 아니하도록 환관장에게 구하니"(다니엘 1:8).

다니엘은 바벨론 왕립학교에서 한 가지 뜻을 정했다. 다니엘은 자기를 더럽히지 아니하도록 환관장에게 구했다. 다니엘은 느부갓네살 왕의 음식과 포도주를 먹는 것이 자신의 영혼을 더럽히는 것이라고 확신했다. 그렇다면 이 확신의 근거는 도대체 무엇일까? 하나님의 말씀, 율법이었다. 율법은 크게 세 가지 내용으로 정리한다. 첫째로, 율법은 고기를 피째 먹는 것을 금지했다. 둘째로, 율법은 부정한 동물의 고기를 먹는 것을 금지했다. 셋째로, 율법은 우상에게 바쳐진 음식을 먹는 것을 금지했다. 역사학자들에 따르면, 고대 근동에서는 우상에게 바쳐진 최상의 음식을 왕과 귀족들이 먹었다. 그러나 다니엘은 현실에 타협하지 않았다. 그는 하나님의 말씀에 온전히 순종했다. 그는 바벨론 왕립학교에서 교회가 되었다. 그가 1호 스쿨처치를 세웠던 것이다.

다니엘이 생각나는 한 중학생의 간증이 기억난다. 기독 교사 몇 분과 중학생 6~7명이 스쿨처치를 하고 있었다. 몇 분의 선생님도 전근을 가시고, 함께 하던 선배는 불의의 사고로 천국에 먼저 갔다. 스쿨처치를 계속 해야 할지 고민하는 이 친구에게 천국에 먼저 간 선배의 어머니가 스쿨처치를 계속했으면 좋겠다고 말씀하셨다. 그 말씀을 하나님의 말씀으로 받고 이 친구는 스쿨처치를 포기하지 않았다. 그 결과 지금은 매주 150여 명이 모이는 스쿨처치로 성장했다.

하나님은 이 시대 학교에 교회를 세우길 원하신다. 하나님의 마음에 반응해야 한다. 하나님의 말씀에 순종해야 한다. 하나님의 뜻에 순종할 때, 하나님이 역사하신다.

CHAPTER 5

우울장애,
공황장애에 노출
된 다음 세대

"상처의 시대,
아픈 청소년들에게 답하다."

청소년들이 가지고 있는 정신질환은 그들만의 고유한 특징을 가지고 있다. 그들을 도우려면, 그 특징을 고려하여 정확하고 바르게 도와주어야 한다. 독감인데 증상이 감기와 비슷하다고 해서 감기약을 자꾸 먹으면, 치료에 효과는 없고 당사자와 돕는 사람 모두 고생만 하는 것과 같은 이치다.

◔ 우울장애, 좋아지는 방법은 없을까?

> "소장님! 의사가 우울장애라고 말해서 약을 먹고 있습니다. 약 먹는 것 말고 무엇을 도와주면 아이가 우울장애에서 좋아져서 행복해할 수 있을까요?"

반드시 약을 의사의 지시대로 꾸준히 먹이면서 다음의 방법을 실천하자. 본인과 가정 모두 우울장애에 대한 바른 지식을 가지자.

우울장애는 다른 질환과의 공존 질환으로 오는 경우와 우울장애 단독 질환일 때를 종합하여 상담 내용을 다르게 하는 것이 좋다. 우울장애와 조울증을 구분하자. 먹는 약부터 다르다. 우울장애는 나이별로 주요 증상이 다르고, 치료 방법도 다르다. 인지 치료를 할 때는 생각의 구조를 바꾸어야 한다. 먼저 침투 사고에서 성찰 사고로, 비합리에서 합리적으로, 비논리에서 논리적으로 개선해야 한다. 진리 요법을 할 때는 바른 십자가 복음으로 충분히 젖어야 한다. 그리고 성령 충만과 말씀 충만을 일상성의 영성으로 회복해야 한다. 사명 치유를 할 때는 은사를 찾아 개발하고 섬기는 것을 통해 사명을 감당하며 의미를 찾도록 해야 한다. 행동 치료를 할 때는 햇빛에 평균 30분 이상 노출하고 꾸준히 운동하도록 해야 한다. 대인관계를 넓히고 깊게 해야 한다. 가족 상담을 통해 가정이 수용적 공동체가 되게 하고, 교회 공동체에도 잘 소속될 수 있도록 교회 지도자에게도 적극 도움을 구해야 한다.

우울장애를 바로 알자

우리나라 우울장애 환자가 처음으로 100만 명을 넘어섰다. 2024년 7월 국민건강보험공단에서 최근 5년간(2018~2022년) 국회에 보고한 우울장애 진료 현황 자료에 따르면, 우울장애 진단 인원은 2023년 기준 100만 744명에 이르렀다. 이는 2018년에 비해 32.9%나 증가한 수치다.

이제는 청소년에게서도 우울장애가 점점 더 늘어나고 있다. 특히 스마트폰 중독, 흡연중독, 게임중독, 성중독, 품행장애, ADHD인 청소년들에게 우울장애와 조울증이 동반되고 있다. 코로나19를 겪으면서 대면 관계가 어려운 청소년들에게 더욱 많이 늘어나는 것이기에, 이 질환에 관하여 더 잘 알고 도와주어야 할 필요가 있다.

우울장애, 특히 조울증의 증가율은 10대에서부터 불안과 스트레스가 더욱 심해지면서 매우 가파르게 상승하고 있다. 필자가 만나는 상담이나 강의에서 그런 변화를 실감한다. 그러나 두 달만 잘 도와주어도 70%는 개선할 수 있다.

우울장애와 조울증을 잘 구분하고 도와주자

10대 중반 이후 많이 생기는 청소년 우울장애는 실제 80%가 양극성 장애(조울증)이다. 이를 우울장애로 알고 치료하면 효과가 떨어지므로, 이를 다음과 같이 잘 구분해야 한다.

우울장애, 나이별로 다른 증상을 이해하자

소아 청소년은 짜증과 반항이 많다. 등교를 거부하고, 성적 저하가 나타나며, 여러 가지 신체 증상이 나타난다. 약물 남용이 생기고 비행(非行)이 생긴다. 고3병, 중2병, 초4병이 생긴다. 사실 사춘기에 나타나는 주된 증상은 우울장애나 조울증 초기라고 보는 것이 더 정확하다.

우울장애(단극성)	조울증(양극성 장애)
• 20대 중반 이후, 주로 30대 이후에 많이 나타남 • 서서히 우울해지고, 서서히 좋아짐 • 우울 기간 2주 이상, 보통 1~2개월 이상 지속됨 • 식욕이 저하되고, 불면증이 많음 • 항우울제로 잘 나음 • 항우울제로 조증 없음 • 이유 없이 여기저기 아픔 • 죽음, 자살 생각을 반복적으로 함 • 슬픔이 지속, 이유 없이 눈물 흘림 • 식욕, 수면 습관의 큰 변화가 생김 • 매사에 관심이 없고 기운이 없음 • 죄책감이나 자신이 쓸모없다는 자괴감에 빠짐 • 집중력이 떨어지고 우유부단해짐 • 짜증ㆍ화를 내거나 걱정ㆍ불안 증상이 나타남 • 즐겼던 일들도 재미가 없어짐 • 사회생활이 하기 싫음	• 10대 중반 이후가 80% • 갑자기 우울해지고, 갑자기 좋아짐 • 우울한 기간이 상대적으로 짧음 • 많이 먹거나 잠이 많아짐 • 항우울제로 잘 낫지 않음 • 항우울제로 조증이 나타나는 경우가 있음 • 우울장애가 자주 재발함 • 집안에 우울장애, 조울증 환자가 많음 • 쉽게 짜증 내고 공격적 행동을 보임 • 피곤을 느끼지 않고, 수면 욕구 줄어듦 • 과대 사고에 빠지고 자존감이 매우 높아짐 • 말이 빠르고 생각이 빨라짐 • 충동적이고 판단이 빨라짐 • 주변 일에 쉽게 주의가 끌림 • 쉽게 기분이 고조되고, 과도하게 낙관적임 • 신체뿐만이 아닌 정신적인 활동도 활발해지며 에너지가 증가함 • 증상이 심할 때는 환각이나 망상이 생김 • 음주 운전, 과소비, 비정상적이고 과도한 성관계 등 무책임한 행동을 함

중년기에는 건강 염려증, 죄책감, 의심이 많아짐, 절망감, 공허감이 많아진다. 건망증이 늘고, 빈 둥지 증후군이 생긴다. 사춘기의 특징이 나타나며, 화병도 생긴다. 노인에게는 불면과 불안이 생긴다. 집중력과 기억력이 저하되면서 가성 치매가 온다.

청소년 우울장애는 자살 상담에 바짝 신경을 써야 한다

우울장애의 2/3는 자살을 생각한다. 이 중에 10~15%는 자살을 시도하고, 1/100명은 자살한다. 우울장애의 공존 질환은 불안장애, 공황장애, 사회공포증, 강박증, 완전주의, 결벽증, 신경성 식욕부진증, PTSD, 특정 공포증, 망상장애이다.

성찰 사고보다 침투 사고로 스스로를 옥죈다. 비합리적인 사고가 늘어나며, 알코올 관련 장애나 폰중독과 오락중독이 생기기 쉽다. 결국 우울장애 청소년에게 공동 질환이 생기면 우울장애 자체보다 자살의 경향성과 자살의 위험성이 더 높다고 볼 수 있다.

우울장애 극복, 이렇게 도와주자

우울한 사람들은 자신의 현재 감정에 관심이 크고, 그것에 대한 탐색을 원하기 때문에 우울장애 상담자들은 그들의 상처, 슬픔, 낙심을 이해하고 있음을 보여 주어야 한다. 깊은 경청을 하며, 그들의 의존적 욕구를 우선적으로 이해해야 한다.

자살 충동, 자기 부정, 자기를 돌보지 않으려는 상태를 깊이 관찰하여 이러한 징후가 보이면 생명 보전을 위한 적절한 조치를 먼저 취해야 한다. 즉, 청소년의 병력을 조사하여 그들이 가지고 있는 문제의 핵심을 정확히 진단하도록 노력해야 하고, 다른 심리학자나 전문상담가, 그리고 의사의 도움과 협력도 구할 수 있으면 구해야 한다.

우울장애는 불안장애(강박장애, 공황장애, PTSD, 망상장애, 틱장애, ADHD, 관계중독, 공동의존, 완벽주의, 강박증, 결벽증, 우울장애 등)와 같은 이상 증세와 복합되어 나타나는 경우가 많다. 엎친 데 덮친 격으로 우울장애에서 정신질환으로, 또는 다른 정신질환에서 우울장애로 변질되는 경우도 많다. 정신건강의학과 의사나 전문 상담가도 진단에 실수가 많다. 다시 말해, 다른 질환이 더 심하거나 원인이 되어 우울장애가 생기면, 그것을 먼저 해결하고 도와야 한다.

우울장애 환자의 80% 정도가 수면장애를 호소한다. 불안 증상도 90%나 가지고 있다. 성욕도 저하된다. 우울장애 환자는 정기 검진이 필수이다. 신체화가 되기 때문이다. 우울장애로 인해 면역력이 떨어지고 활성산소가 쌓이게 되면서 각종 질병에 노출되기 쉽기 때문에, 내과적 검사를 해야 한다. 내과적 검사도 6개월 혹은 1년마다 주기적으로 해야 한다. 스마트폰, 게임, 알코올, 담배, 음식에 의존하는 경우 더욱 전문적인 상담을 해야 한다. 이런 식으로 의존하다 보면 알코올성 치매, 섭식장애, 불면증, 공황장애, 중독 등 다른 신체적 정신적 질환으로 발전할 가능성도 있다.

주요 우울장애가 처음으로 발병한 사람들의 50%는 발병 전부터 뚜렷한 우울 증상을 나타낸다. 따라서 초기에 우울 증상을 빨리 치료하면 더 좋은 결과가 있다.

의사의 처방에 따른 약물 치료(Pharmaco- Therapy)도 병행해야 한다. 약물 치료를 하면서 상담, 행동 치료를 병행하면 우울장애 치료가 훨씬 빠르고, 완치도 쉽다.

사고의 구조를 바꾸어 주는 것이 좋다. 이것을 'reframing(재구성)'이라고 한다. 자기 비하의 사건을 하나님의 시각으로 다시 해석하게 하는 것이다. 상황에 대한 파국적 선언을 하나님 나라를 위한 관점으로 재해석하는 것이다. 미래와 소망을 포기하고 비관하는 내용을 하나님의 사랑과 섭리 안에서 재해석하는 것이다.

진리 요법으로도 치료해야 한다. 약물 치료는 겉으로 드러난 증상을 제거하는 것에 도움이 되지만, 진리 요법은 감추어진 원인을 말씀의 기준으로 찾아내고 해결하도록 안내하는 것이다. 따라서 일상의 영성을 잘 회복하도록 도와주는 것이 좋다. 성령께서 함께하시고 도우시는 것을 확인하게 하는 것이다. 그러면 합력하여 선을 이루시는 하나님을 대면하게 된다(롬 8:28). 십자가 복음에 깊이 들어가게 도와주면, 성령 충만을 잘 경험할 수 있다. 우울장애를 통해 하나님의 섭리를 파악하게 되고, 개입하는 사탄의 실체를 파악하게 되며, 우울장애가 비단 개인의 문제가 아닌 가족을 위한 하나님의 간섭으로 기억하게 된다. 환자에게 자신이 하나님의 형상을 닮은 자로서 지식에까지 새 피조물이라는 인식을 심어 주는 것이다.

이렇게 성경적 치료 관점으로 주로 하면서 인지 행동 치료 + 약물 치료 + 심리 정서의 원인 해결 + 컬러 테라피 + 명상 치료 + 운동 치료 등을 개인에 맞게 고루 적용하며 종합적으로 치료하면, 치료 효과도 빠르고 완치율도 높다.

인지적 치료(Cognitive Therapy)란 부정적인 자동사고, 역기능적 신념 등 인지적 요인들을 치료하는 것이다. 즉, 그 사람의 비합리적인 사고를 성경적이면서도 긍정적이고 합리적인 사고로 전환(reframing)하는 것이다. 상대에 대한 기대치를 '0'으로 갖고 있게 하면 좋다. 나 자신 때문에 일어난 일인 것도 종합적으로 생각하게 하면 좋다. 과거와 미래를 생각하지 말고, 오직 이 순간에 더 집중하면 도움이 된다. 감정은 쌓거나 참거나 눌리거나 억압하지 말고, 건강하게 자주 밖으로 풀어내게 해야 한다. 스트레스의 취약성을 극복하고 강화시켜 줘야 한다.

행동주의 치료(Behavioral Therapy)도 같이 하자. 우울장애로 인해 학습된 잘못된 행동을 수정해 가는 것이다. 운동과 문화와 대인관계, 예배 회복 등의 계획을 세우고 실천하게 하는 것이다. 생리적으로는 우울장애는 뇌 속 화학 물질의 균형이 깨지면서 생기는 것이다. 따라서 세로토닌의 분해를 막고 농도를 증가시킬 수 있는 활동을 지속하는 것이 중요하다. 햇볕을 쬐는 시간을 늘리고 규칙적인 운동을 해서 뇌 속 산소 혈류량을 증가시키는 것이 좋다. 건강하고 좋은 대인관계 유지를 하도록 도와야 한다.

먹는 것도 조절해야 한다

탄수화물중독을 막아야 한다. 흰쌀, 빵, 파스타 등 과자, 초콜릿, 각종 디저트를 줄여야 한다. '오메가3'를 가까이하면 좋다. '세로토닌'의 분비를 촉진시키기 때문이다. 오메가3는 고등어, 청어, 연어 등의 생선을 비롯해 호두, 땅콩 등의 견과류에 많다. 또한 좋은 고기를 충분히 먹으면 좋다. '세로토닌'의 원료 '트립토판'이 상대적으로 많이 들어 있는 육류를 먹으면 좋다. 쇠고기 100g에는 트립토판 180mg, 닭고기 100g에는 트립토판 250mg 정도가 들어 있다. 반대로 포화지방산은 콜레스테롤을 증가시키며 우울장애를 촉진시키는 요인도 된다. 단백질과 미네랄을 먹으면 좋다. 아미노산은 뇌 속 화학 전달 물질의 흡수를 증가한다. 치즈, 우유, 달걀 등 양질의 단백질, 신선한 채소와 과일을 통해 미네랄이 공급된다. 커피, 콜라, 홍차, 술과 담배에 함유된 카페인은 우울장애의 적이다.

◐ 우울장애 청소년을 돕는 방법 – 가족, 교회 사역자, 성도, 친구

우울장애 증상으로 인한 환자의 변화(짜증, 무기력, 약속을 지키지 않음, 감정 기복 등)를 비난하지 말자. 우울장애인지 의심해 보고 대화를 차분하게 자주 많이 나누자. 세심한 배려를 해 주자. 가족이나 친구, 청소년의 어려움을 충분히 들어주고 이해하며, 공감하고 격려하자. 우울장애 치료를 받도록 적극적으로 권유하자. 중등도이상의 우울장애의 경우는 상담만으로는 안 되니 병원에 가서 진단받고 항우울제를 복용하도록 돕자. 섣부른 충고보다는 경청하는 자세로 감정을 잘 표현할 수 있도록 돕자. 환자를 혼자 두지 않고 운동, 신앙 활동, 취미 활동 등 여러 가지 활동을 같이하면 좋다. 대신 너무 강요하다 보면 환자는 내가 얼마나 힘든지 몰라 준다고 괴로워할 수 있음을 전제하고, 이를 잘 고려하면서 하자.

자살에 대해서 언급하면, 상황과 마음의 상태를 자세히 살피고 자살의 위험이 있는 경우 즉각적으로 전문 상담가의 상담을 받거나 치료를 받도록 하자. 이때 부모에게도 알려 주는 것이 좋다. 우울장애가 맞으면 반드시 자살 의지, 방법, 횟수 등을 물어서 부모나 다른 전문가에게 알리고 연결해 주어야 한다. 상담 비밀 유지보다 생명 유지가 우선이다.

우울장애를 극복할 수 있는 생활 습관을 잘 가르쳐 주고 안내하자.

첫째, 긍정적인 생각을 가진다.

둘째, 운동하는 습관을 갖는다. 안 되면 같이한다.

셋째, 규칙적이고 균형 잡힌 식습관을 가진다.

넷째, 담배, 알코올, 커피, 탄산음료는 우울장애에 악효과를 주므로 반드시 피한다.

다섯째, 명상과 요가도 어느 정도 도움이 된다.

여섯째, 이완 요법도 도움이 된다.

일곱째, 낮잠을 자지 않는 것이 좋지만 자더라도 30분 이내로 자는 것이 좋다. 너무 많이 자면 생체 리듬이 망가져 밤에 수면의 질이 떨어지고 우울장애나 정신질환이 더 심해진다. 침대는 잠을 자는 용도로만 사용한다. 그 위에서 휴대폰이나 책을 보지 않는다. 침대 위에서 20분 이상 잠이 오지 않으면 밖으로 나와 명상, 독서 등으로 시간을 보내다가 졸릴 때 들어가서 자는 것이 더 좋다.

여덟째, 예배 회복, 말씀 회복, 기도 회복을 도와주어 일상의 영성을 가지게 하면 매우 빠른 회복이 일어난다.

우울장애에 정말 여행이 좋을까?

여행이 우울장애에 좋다고 알려져 있지만, 이는 좋아하는 사람과 같이 갈 때의 말이다. 당연히 혼자 가는 것은 해롭다. 여행이 감성을 발달시키므로 우울장애를 악화시킬 수 있기 때문이다. 특히 밤이나 새벽까지 여행지에 머물거나 멀리까지 여행을 가면 몽환적인 느낌 때문에 극심한 우울감을 느끼게 된다. 일반적으로 우울장애가 있는 사람은 대인관계와 성숙한 사람이 같이 적극 수용하며 여행을 함께하는 경우에만 좋다.

우울장애 상담자가 하지 말아야 할 것

무조건 안심시키려고 하지 말자. 모든 일이 잘될 것이라고 하거나 "우울해하는 일은 아무것도 아니다"라는 식으로 말하면 안 된다. 이는 문제의 핵심을 이해하지 못한 것이다. 우울장애의 원인이 영적인 문제라는 확실한 증거가 있기까지는 문제를 영적인 것으로 속단하지도 말자. 우울장애는 신앙이 좋으면 절대로 걸리지 않을까? 신앙이 좋으면 우울장애에 걸릴 확률이 낮아지는 건 사실이지만, 신앙이 좋은 사람도 우울장애를 많이 겪는다. 우울장애가 죄의 결과라고 하거나 믿음이 부족해서라고 하는 것은 잘못되었다. 죄의 결과나 믿음의 부족으로만 단정 지을 수 없는 더 많은 복잡한 원인이 있다.

우울장애의 치료 예후는 어떨까?

주요 우울장애는 치료받지 않는 경우 6~13개월간 증상이 지속되지만, 치료를 받으면 약 3개월 정도만 지속될 뿐이다. 그러나 3개월이 되기 전에 약물을 중단하면 대부분 재발한다. 그래서 우울장애는 재발이 많다. 첫 발병 후 5년 이내에 50~75%가 재발한다. 한 사람이 20년간 약 5~6회 정도 재발하곤 한다. 두 번의 우울장애를 경험한 사람들이 세 번째 우울장애를 경험할 확률은 70%나 되고, 세 번의 우울장애를 경험한 사람이 네 번째 우울장애를 겪을 가능성은 90%나 된다. 우울장애는 재발하면 할수록 더 재발할 가능성이 높다. 재발이 많아질수록 재발 간격이 짧아지고 증상이 심해진다.

청소년기의 친구 관계가 좋은 경우, 가족 간에 화목할 경우, 발병 전 5년간의 사회적 기능이 안정된 경우 우울장애의 예후가 더 좋다. 첫 진단 후 6~10년 내에 5~10%의 환자에게는 조증이 있다. 이런 경우 조울증으로 진단이 바뀐다. 처음에 있었던 우울장애 증상이 조울증에서의 우울장애 삽화(episode)였던 것으로 진단된다. 우울장애는 홀로 감당할 수 없다. 반드시 의사의 도움과 전문 상담가의 도움을 받아야 한다. 정신력으로 견디거나 긍정적인 생각을 한다 해도 약간의 도움이 될 뿐이지 저절로 회복되지는 않는다. 우울장애에 걸린 사람을 잘 이해해 주고 받아들여 줄 수 있는 '일반인'은 없다.

◉ 관계중독의 치유와 상담

"소장님! 우리 교회 중학생 여자아이인데 남자를 사귀다가 헤어지
면 금방 또 다른 남자를 사귑니다. 그리고 이야기를 들어 보면 인격
적인 대우도 제대로 못 받고 성적 학대도 한 번씩 당합니다. 왜 이럴
까요? 어찌 도와야 할까요?"

이런 증세는 '관계중독(relationship addiction)'이다. 공동 의존과 성중
독과 불안장애가 공동 질환으로 있을 가능성이 높다. 이 질환 여
부도 확인하고 같이 잘 구분하여 상담한다. 관계중독을 중심으
로 도와주고 영적으로는 하나님이 주실 있는 것을 사람에게 기대
하는 잘못을 수정한다. 심리적, 정서적으로는 외로움과 사랑받지
못함, 애정 결핍을 자기의 성숙이나 건강한 자기 사랑이 없이 배
우자나 연인이나 자녀나 부모, 특정 대상에게 집착하는 것이다.
자존감을 높이고 혼자 행복한 법과 심리적 경계 두기, 건강한 거
리 두기, 건강한 자기 사랑과 심리적 분화를 하면 회복된다. 연인
과 헤어지면 사귄 기간의 50% 이상은 아무도 사귀지 말고 스스
로 잘 지내면서 다른 건강한 친구와 부모와의 관계에 집중하면
좋다. 거절을 정확히 하는 방법도 훈련해야 한다.

관계중독, 너무 흔하게 우리 주변에 있다

전문가들은 현재 약 600만 명이 관계중독이라고 말한다. 전국 고

등학생을 대상으로 한 국내 연구에서는 데이트 폭력 피해 여학생의 72.5%가 가해자와 관계를 유지한 것으로 조사되었다. 타인이 좋아하는 것에 관심을 갖기보다 누군가를 소유하는 데 매달린다. 관계중독은 물질 중독이 아닌 행위 중독이다. 타인과의 관계에 과도하게 의존하며 자신의 감정과 행동을 스스로 제어하지 못하는 상태이다. 함께 있는 게 고통스럽지만, 혼자 남는 게 더 고통스럽다.

'관계중독' 바로 알자

관계중독에 있는 사람이 점점 더 많아지고 있다. 실제 너무 많고 심각하다. 신앙의 성숙도 많이 막고 있다. 대인관계에도 해로움을 끼친다.

첫째는, 관계 갈망이 심하다. 관계중독자들은 강렬한 '갈망'을 경험한다. 관계에서 갈증이 해소되지 않는다. 자신이 집착하는 관계 속에 시간과 돈, 자신의 모든 것을 아낌없이 쏟아붓는다. 그럼에도 만족이 없다. 무엇이든 다 내어 줘야지만 온전히 관계를 유지할 수 있다는 잘못된 착각을 한다. 고통뿐이어도 '그' 없이는 살 수 없는 나, '나'는 없고 오직 '그대'만 있다. 삶의 의미를 자신이 아닌 타인에게서만 찾는다. 특정인과의 '관계'에만 병적으로 몰두하는 경향이 늘어난다.

관계가 바람직하지 않은 것을 알면서도 다른 대상이 있기 전에는 이를 끊을 수 없다. 중독된 관계 때문에 다른 관계가 소원해진다. 나를 돕는 관계를 선택하지 못하고 선택하더라도 유지하지 못한다. 관계를 맺은 상대에게 항상 버림받거나 학대를 당한다. 관계에 만성적 욕구 불만을 가진 채로 상대에게 몰두한다. 그래서 관계중독을 '만성 의존증'이라고도 부른다. 미국 뉴저지주 럿거스대학의 인류학과 헬렌 피셔(Helen Fisher) 교수는 코카인을 흡입했을 때 반응하는 쾌락 중추가 관계중독자들에게도 동일하게 활성화된다고 했다.

관계에 목말라 상대의 마음을 얻기 위해 스스로를 속인다. 관계를 맺고 유지하기 위한 감정을 꾸밀 수 있을 뿐 자기감정을 솔직히 드러내지는 못한다. 동등하게 존중받지 못함에도 계속 유지한다. 관계를 지속시키기 위해 자신에게 일어났던 심각한 문제들을 회피하며, 스스로 부인·축소한다. 상대에게 너무 몰두해 자신을 돌보지 못하고, 가족과 친구 등 주변 사람들에게도 소홀해진다. 관계 유지에 너무 지쳐 정작 자신에게 필요한 일을 하지 못하는 상황이 잦다. 관계가 삶의 전반에 긍정적 영향보다 부정적 영향을 준다.

둘째는, 다른 중독처럼 금단 증상이 있다. 잠시 연락이 없거나 되지 않아도 매우 힘들어한다. 너무 자주 연락해서 "왜 연락이 안 되냐?", "무슨 일 있냐?", "나 무시하는 거냐?", "제발 연락해라!"
와 같은 폭탄 문자를 보내며 상대를 들들 볶는다.

관계 경험을 어릴 때부터 제대로 하지 못해서 지금도 관계에서 충족하지 못할 때의 부정적 감정을 제대로 처리하지 못한다. 하나님의 충분한 수용을 체험하지 못했기 때문이기도 하다. 조금이라도 관계가 멀어지는 듯한 느낌을 받으면 공허하고, 우울하고, 불안한 감정이 증폭된다. 영적으로는 사람이 우상이 되는 것이다.

셋째는, 자기 통제나 절제가 되지 않는다. 관계중독자들은 자신이 관계에 대해 어느 정도는 안 좋은 것을 안다. 그래서 이제는 좀 집착을 줄여 보려고 노력도 한다. 하지만 노력에도 불구하고 상대에게 관심을 끊기가 어렵다. 돈과 시간을 퍼붓고 싶어서 견디기가 어렵다. 이용당하는 것도 받아들인다. 자기 통제를 위한 노력의 반복적 실패를 경험한다.

넷째는, 일상생활의 어려움이나 피해가 드러난다. 인생의 목적이 '그 한 사람'으로 고정되어 있어서 일상생활이 힘들다. 그래서 다른 사람과의 관계에 소홀해진다. 학교(회사)나 가정, 교회, 폭넓은 대인관계에서도 도통 집중하질 못한다. 심각한 경우 사람답게 사는 것을 포기한다. 오로지 맹목적으로 상대와의 관계에 집착한다. 결과적으로 일상생활의 어려움이 늘어난다. 그럴수록 관계중독자들은 더 절박해진다. 이제는 정말 저 사람 아니면 살아갈 수 없다는 극단적이고 잘못된 신념이 머리를 지배한다.

관계중독은 사람중독, 사랑중독, 성중독 3가지가 있다. 사람중독은 특정 대상에게 집착하고 의존하는 것이다. 사랑중독은 네트워크 중독이다. 특정 사람이 아니라 그냥 사람이 필요한 것이다. '사람'이 아니라 '사랑하는 것'을 사랑하는 것이다. 성중독은 사랑과 관계와 외로움과 불안을 모두 성적 관계에서 몰입하여 해결하려는 것이다. 3가지 모두 자아 상실적 낭만주의의 특징을 가진다.

청소년들의 관계중독은 어느 정도 심각할까?

청소년의 경우에는 나쁜 남자에게 쉽게 빠져들고 집착하는 여자 청소년들이 제일 많다. 남자 청소년들에게서는 데이트 폭력이나 성중독으로 관계중독이 나타난다. 병적인 연인 관계, 외도, 스토킹 등이 대표적이다. 주로 데이트 폭력, 이별 범죄와 상관성, 주로 이성 간 애정 관계에서의 중독적 양상이 많은데, 친구 관계나 가족관계에서도 발생한다. 과거 알코올 중독자 남편에게서 맞고 사는 아내 등도 관계중독이다. 최근에는 유부남에게 끌리는 미혼 여성, 카톡이나 SNS 중독 등 그 유형도 다양하다. 애정의 대상을 찾고 관계를 맺는 데 많은 시간을 쓴다. 한 관계가 끝나면 다른 관계를 맺으려 애쓴다. 이전 관계로 돌아가는 경우도 많다. 중독적 관계를 끊기 위한 노력은 대체로 실패한다. 타인의 기준에 맞춰 자신을 평가하고 자신보다 상대의 요구를 우선한다.

나쁜 연인이나 배우자의 외도·폭력이 있어도 배우자를 떠나지 못하는 것이 '사랑중독'이다. 중년 여성의 빈 둥지 증후군, 중년 남자나 청년의 착한 남자 증후군, 인터넷 중독도 큰 범주로는 관계중독이다. 지속적인 연애, 외도, 변태적 성욕, 심한 성적 자극 등도 모두 관계중독이다. 과도한 종교 지도자 의존, 사이비 종교에 빠진 교주 의존성, 부모의 자녀에 대한 지나친 집착, 지나친 부모 의존, 부부의 지나친 의존, 지나친 연애에 집중, 지나친 관계 중심으로 생활의 어려움이 일어나는 것이 관계중독이다. 관계중독은 데이트 폭력이나 성중독과 폰 중독으로 전이된다. 배우자 폭력, 나쁜 사람을 벗어나지 못하고 이중성으로 좋아하는 것들이 모두 관계중독이다.

관계중독을 해결하는 방법을 알자

불안정한 애착을 건강하게 해결하자. 자기 정체성을 회복하게 하자. 자기 계발, 취미나 사명을 찾고 회복하자. 하나님과의 관계를 온전히 회복하게 하면 사람에게 지나치게 의존하는 것이 없어진다. "내가 주는 물(생수, 성령)을 마셔라"(요 4장). 예수님께서 사마리아 여인의 관계중독, 남자 의존성을 모두 해결하시며 하시는 말씀이다. 그리고 상대가 줄 것을 너무 과대 해석하거나 축소하지 말자. 헤어지면 꼭 숙려 기간을 가지고, 바로 다시 연애하지 말자. 스스로 얻어야 하는 것을 상대에게 얻지 말고 혼자서도 행복해야 한다. 부모(원가정)와의 관계 회복을 잘하자. 자존감을 높이자. '나는 소중하고 아름답고 유일한 영적 존재'라는 걸 인정하고 대인관계에서 '나'를 바로 세우자. 교회 공동체에 깊이 속해서, 진실하고 건강한 공동체 생활을 하자. 동호회나 공동체에 들어가 특정인이 아니라 여러 사람과 어울리자. 하나님의 신관 왜곡을 개선하자. 한국의 성도들이 대체로 하나님은 벌주시는 이미지가 더 많기 때문이다.

심리적 고통을 건강하게 해결하자. 비합리적 사고를 점검하고 합리적 사고로 전환하자. 바른 예배를 회복하고 일상성의 영성을 회복하자. 건강하고 다양한 스트레스 해소법을 익히고 적용하자. 대인관계에서 나쁜 사람을 거절하고, 좋은 사람과 만나며 사귀자. 단점을 모르는데도 좋아하거나 자신을 존중하지 않는데, 인격이 부족한데, 자기 인생도 당당하고 책임 있게 살지 못하는 사람과 사귀면 안 된다. 잘못된 학대나 대우를 받으면 정확히 거절하거나 싫다고 분명하게 말하자. 또한, 자기 문제는 자기가 적극 해결하자. 자기 인생을 스스로 책임지자. 상대에게 휘둘리지 않고 자기 의견을 잘 표현하는 법을 익히자. 삶의 의미, 사명을 찾고 적극적으로 살자. 스스로 당당해지면 타인에게 기대려고 하는 마음도 줄어든다.

전문가나 지도자의 도움도 적극 구하자
부적응적 정서를 반성 능력 네 가지를 강화하여 건강하게 해결
하자.

탈중심화를 하자. 자기 생각, 자기감정에서 벗어나자. 생각과 감정
이 자신의 진정한 모습과 같지 않은 경우가 많다. 하나님의 관점
에서 자기를 보자. 부정적인 경험, 즉 불쾌한 감정이나 큰 상처들
에 부정적으로 반응하지 말고 재해석을 하자. 사명으로 하나님의
사랑으로 상처를 준 이의 미숙함과 장애를 보며 재해석하자. 상
처받음도 자기의 선택에서 온다. 자기를 있는 그대로 받아들이
기, 과장하지 않기, 과소하지 않기, 부인이나 회피, 탓하지 않기,
거절감을 가지지 말기, 비합리적인 사고를 바르게 직면하자. 객
관적이고 합리적으로 생각을 고치자.

자기 마음을 챙기자. 무비판적으로 자기 마음을 관찰하자. 상황을
객관적으로 파악하자. 자기 자비력(Self-Compassion)을 높이자. "실패
해도 괜찮아. 못나도 괜찮아"라고 하며 내 마음을 알아주자. 자
기 자비력의 3요소는 자기 친절(self-kindness), 인간 보편성(common
humanity), 마음 챙김(mindfulness)이다.

수용을 잘하자. 인지 심리 치료이다. 고통은 정상이다. 보편적이다. 나만 그런 것이 아니다. 온전히 경험한 것을 그대로 수용하자. 하나님의 뜻과 사명으로 재해석해서 의미를 알자. 합력하여 선을 이루는 것으로 자기 고난과 상처를 해석하자. 은사를 선용하시는 하나님의 뜻을 발견하고 그렇게 사명을 감당하도록 노력하자. 감정 표현 능력을 개발하고 적극 실행하자. 감정 카드를 활용하자. 바닥 감정까지 잘 나누자. 우울과 화병 등이 생기지 않게 하자. '한 걸음 떨어져' 자신을 냉철하게 살펴보자. 자기를 학대하는 사람을 참거나 방치하지 말자. 핵심 감정을 진단하고, 극복하고, 제거하고, 치료하자. 어릴 때부터 지배해 온 상처로 인한 자기감정을 이해하고 자유로워지는 것이다.

관계 추구에 있어 균형과 절제를 잘하자. 타인 기준으로 자기를 비하하면서 평가하지 말자. 자기 자신의 문제를 스스로 진단하고 해결하는 데는 무기력한 모습을 가져서는 안 된다. 하나님의 기준으로, 하나님의 시각으로 자신과 사건과 상처를 평가하자. 타인과의 경계선을 확실히 긋자. '이만큼이 내 책임이고, 그 이상은 내 책임 밖의 일이다.'

내 삶의 주인은 하나님이시다. 그 하나님께서 내 삶을 스스로 소중히 여기라고 하신다. 관계중독자들은 '자아 개념'이 부족하다. '나의 삶'을 살지 못한다. 하나님은 내가 나 자신을 사랑하시는 것도 소원하신다. 가족 간의 관계중독은 더 심각한 결과를 낳는다.

다른 중독과 어려움을 같이 진단하고 해결하자. 관계중독은 공존 중독(교차 중독)이 많이 생긴다. 대표적인 공존 중독은 우울장애, 화병, 성중독, 스마트폰중독, 성적 학대받음, 공황장애, 감정 표현 불능증, 종교중독 등이다. 중독은 중독을 낳는다. 다른 가족과 다른 가까운 사람을 중독으로 병들게 하며, 동반 의존증 증세를 보여 문제가 더욱 심각해진다. 가족 전체가 진단과 상담이 필요하다.

◖ 공동 의존증에서 벗어나게 하자

"소장님! 다른 사람과 있으면 어느 정도 잘 지내다가 혼자 있으면 휴대폰만 보거나 무기력해집니다. 불안해하기도 합니다. 자기 의사 표현과 자기감정 표현이 부족합니다. 다른 아이들에게 자신을 잘 방어하지 못합니다. 시키는 건 잘하지만, 주도적으로 무언가를 하지는 못합니다. 왕따를 당하거나 친구 관계에 위축되어 있습니다. 부모나 선배, 친구 어느 한 사람의 말에 너무 맹종합니다. 자기 스스로 행복하게 사는 것이 힘든 청소년을 어찌 도우면 좋을까요?"

이런 경우는 '공동 의존증'일 가능성이 높다. 관계중독이 되는 경계선에 머물러 있는 것이다. 공동 의존증이 심해지면 관계중독이 된다. 이런 공동 의존증이 있는데 고치지 않으면 쉽게 우울장애, 공황장애, 불안장애가 생기게 된다. 건강하게 자신을 지키지 못하게 된다. 자기 스스로 자존감이 높아서 타인에 의해 자신이 통제되지 않게 하는 법을 배우자. 혼자서도 잘 지내고 혼자서도 행복해지는 법을 배우자. 부당하고 모독적인 요구에 거절을 정확하게 하자. 객관적이고 균형 잡힌 생각과 판단을 하는 능력을 기르자. 지나치게 착한 것은 자신을 학대하는 것과 다름없는 나쁜 것이다. 자신도 건강하게 사랑하고 돌보는 방법을 개발하고 실천하자.

30년 동안 상담과 특강과 집회를 하면서 보건대 공동 의존증은 더욱 심해지고 있다. 심각한 것은 공동 의존증은 교회에서도 매우 많은 문제로 늘어나고 있다. 지도자에게 의존하는 것, 신앙에서도 종교 행위와 일과 헌신에 의존하는 것은 홀로 하나님과 동행하며 자주적으로 삶을 살아 내지 못한다는 것이다. 사실 이단과 사이비 종교에 쉽게 넘어가는 것도 하나님과 말씀에 의존하는 것이 아니라 사람에게 의존하는 잘못된 경향이 부르는 참사이다.

가정에서도 부모도 자녀와 배우자에게 '착하다', '헌신한다'라는 이름으로 지나치게 의존되어 있다. 자녀도 친구나 부모, 선배, 애인 등에 너무 의존되어 스스로 정체성이 잘 정립되어 있지 못한다. 혼자 있을 때 행복하지 못하고 자기 관리가 안 되는 것으로 문제 성향이 드러나고 있다.

공동 의존증이나 관계중독자 부모가 되면 자녀들은 다음과 같이 병든다. 지나치게 자식을 위해 희생하고 본인은 행복하지 못한 어머니가 흔한 공동 의존자이다. 불안과 우울의 수준이 높으며 내적 통제감과 자존감이 낮다. 과잉 행동, 정서 문제, 품행 문제, 관계 문제를 나타낸다. 언어 능력이 부족하고, 학업 성취도가 낮고, 반사회적 행동을 보인다. 음주에 대한 기대가 높고, 음주를 더 많이 한다. 부모와의 의사소통과 가족 응집력이 낮다. 미성숙, 충동적, 강박적, 권위 지향적, 타인 의존적인 상태로 성인기에 접어들어 부적응자가 된다.

역할 중심의 정체성 네 가지 중 한 가지도 하면 안 된다. 첫 번째는, '가족 영웅'의 역할이다. 자신의 어려움에도 불구하고 다른 성원들을 돕는 것에 우선순위를 둔다. 부모와 지나치게 밀착된 경계선 장애이다. 자신보다 타인의 욕구를 먼저 생각한다. 과도한 책임을 떠맡는다. 두 번째는, '희생양' 역할이다. 가족 체계에서 가정의 역기능을 행동으로 표출하는 것이다. 부모의 부족함으로 어린 자녀가 가족의 부모 역할을 하면서 너무 일찍 철이 든 것이다. 자기 정체성은 부족하다. 이런 것을 '부모화'라고 한다. 부족한 아버지로 인해서 힘든 어머니를 과도하게 신경 쓰는 아들이 '남편화'가 되는 것이 대표적인 희생양이다. 세 번째는, '귀염둥이' 역할(마스코트)이다. 가정의 어려움을 자신의 노력으로 화목하게 하려고 귀여운 짓을 열심히 하는 것이다. 자기 색이 옅어지는 부작용이 있다. 네 번째는, '잊혀진 아이' 역할이다. 어떠한 사건도 유발하지 않는다. 하지만 스스로 고립되어 있다. 결국 어른이 되어도 행복하지 않고 특정한 사람이나 일에 너무 집착하는 부작용이 생긴다. 이 4가지 모두 자녀의 자존감을 낮아지게 한다. 이런 공동 의존증 청소년은 내면적으로 매우 혼란하게 된다. 자주 무기력해진다. 쉽게 우울장애와 공황장애에도 노출된다. 신앙은 잘 자라지 않는다. 신앙에도 기쁨이 부족하거나 기복이 심하게 된다.

가족 환경 속에서의 공동 의존증 청소년들은 역기능에 물들며 성장한다. "말하지 마라!"(Don't Talk), "믿지 마라!"(Don't Trust), "느끼지 마라!"(Don't Feel)를 강요받으며 자란다.

성인 아이의 특성을 가진다. 전체 인구의 30%나 해당이 된다. 무엇이 정상인지에 대해 잘 구분하지 못한다. 처음부터 끝까지 일을 완수해 내는 데 어려움이 있다. 진실을 말하기 쉬운 때조차도 거짓말을 한다. 자신을 무자비하게 여긴다. 즐거움을 느끼면 죄책감을 가진다. 다른 사람들과 친밀한 관계를 갖기 어렵다. 자신이 통제할 수 없는 변화에 대해 과도하게 반응한다. 지속적으로 사람들의 인정과 확인을 받고 싶어 한다. 지나치게 책임감을 느끼지만 반대로 지나치게 무책임하다.

어떤 사람이 충성할 대상이 아니라는 것이 명백하게 드러나더라도 지나치게 충성한다. 나쁜 선배나 나쁜 친구에게서 빠져나오지 못한다. 사이비 교주에게서도 빠져나오지 못한다. 나쁜 종교 지도자에게 너무 의존하는 경향을 보인다. 대안적인 행동이나 예상되는 결과에 대한 충분한 고려 없이 행동 과정에 자신을 몰입시킨다. 실제 상황에 부적절한 죄의식, 수치심, 불안 등을 가진다. 만성적인 공포를 경험하는 경우가 많다. 분노를 표현하거나 감정을 표출하는 데 있어서 어려움을 갖는다.

공동 의존 해결 방법은 에코이스트(Echoist)를 벗어나는 것이다

사람은 사랑할 대상이지 의존하거나 믿을 대상이 아니다. 오직 믿고 의지할 대상은 사람이 아니라 하나님이시다. 자신을 사랑하는 정도만 남을 사랑할 수 있다. 남을 사랑하는 중요한 요소 중에는 나 자신이 행복한 것을 보이는 것도 중요한 요소이다. 혼자 있을 때도 행복하게 살아야 한다.

에코이스트 체크리스트 11가지로 꼭 미리 확인해서 예방하자

이를 통해 공동 의존에 어느 정도 빠져 있는지를 알 수 있다. 제일 안 좋은 것은 나르시시즘(애착성 인격장애) 지도자나 친구, 선배, 남편에게 학대받으면서도 빠져나가지 못하거나 방어하지 못하는 사람이 공동 의존증이 많다. 특히 청소년은 왕따를 당하는 경우나 성폭력이나 데이트 폭력을 당하는 경우도 많다. 청년은 나쁜 배우자를 선택하거나 나쁜 배우자를 벗어나지 못하는 위험을 드러낼 가능성이 있다.

1) 주목받는 것을 싫어한다. (   )

2) 문제가 생기면 내 탓부터 한다. (   )

3) 유독 자기 자신에게 엄격하다. (   )

4) 남에게 폐 끼치는 것을 싫어한다. (   )

5) 타인과의 갈등을 회피한다. (   )

6) 확신 없는 언어 표현을 한다. (   )

　　"–인 것 같다", "글쎄요", "마음대로 하세요", "아무거나요", "그러던지요", "조금 해요", "잘 못 해요", "잘 모르겠습니다", "대강", "그런대로요", "생각해 볼게요", "기도해 볼게요."

7) 경계선이 분명하지 않다. (   )

8) 단정 짓지 않는다. (   )

9) 질투심이 많고 자기중심성이 높은 나르시시스트에게 밀착되어 이용당한다. (   )

10) 가스라이팅을 당한다. 일방적으로 피해를 입는다. (   )

　　아니면 왕따를 당한다. 지나치게 배려심이 많아서이다. 갈등을 너무 싫어해서이다.

11) 상대방의 의견을 쉽게 반박하지 못한다. (   )

에코이스트(Echoist)에서 벗어나는 11가지 방법이 있다. 이 방법은 공동 의존증도 대부분 제거된다.

1) 자신을 소중하게 여기라.

2) 자신의 똑똑함과 강점과 재능을 인정하라.

3) 나르시시즘의 좋은 부분을 어느 정도 수용하여 배우라. 그리고 나르시시스트에게 자신을 방어하라. 거리를 두라. 자기 의견을 정확히 표현하라. 싫다고 분명하게 말하라. 무조건 칭찬하고 공감하지는 마라.

4) 자신의 약점에도 좋은 강점과 좋은 면이 많이 있음을 받아들이라.

5) 자신의 성취와 강점과 장점을 기록하고 발전시키고 확장하고 적용하라.

6) 자신을 타인보다 우선하고 먼저 챙기라. 이기적인 것과 자신을 사랑하는 것은 다르다.

7) 거절 연습을 하기가 힘들거나 억울하거나 모독적일 때는 분명하게 거절하라.

8) 경계선을 지켜라. 나를 힘들게 하는 거리만큼 만나지 말고 잘 이용당하지 마라. 나를 정말 잘 대해주는 사람만 사귀라. 본인도 자신과 타인, 고루 잘 대하라.

9) 낮은 자존감을 높이라.

10) 자신의 트라우마를 찾아 치유하라.

11) 자기계발서를 잘 써서 지속적으로 발전하여 자신을 가치 있게 명품으로 만들라.

12) 하나님의 자녀임을 확신하고 아무도 자신을 함부로 대하지 못하게 하라. 특히 자신도 자신을 함부로 대하지 말고 잘 보호하라.

13) 나르시시스트보다 아웃스마트(outsmart: 한 수 위에, 앞지르는)하라.

공동 의존증을 바르게 해결하는 방법을 실천하자

비티(Beatti, ~2013)가 제안한 공동 의존을 치료하는 방법이다. 심리적 거리 두기(분리)를 잘하자. "현재 이 순간을 사는" 태도를 가지는 것이다. 일일이 반응하지 않는 것이다. 지나친 희생, 특히 인격적으로 동등한 대우를 받지 못하면서 하는 희생을 그만두자. 자신을 건강하게 사랑하자. 제대로 건강하게 분노하자. 화내는 것이 죄는 아니다.

자신의 관계를 바르게 정의하라. 사랑이 무엇인지 바르게 정의하라. 대등한 관계가 아니면 피하거나 정확하게 거절하라. 폭력이나 이용 당하지는 말라. 나르시시스트에게 이용당하는 자신을 제대로 파악하라. 진짜 잘사는 것이 무엇인지 정의하라. 내가 나를 사랑하는 것이 무엇인지 정의하라. 대인관계를 잘하는 법을 배우

라. 왜 사는지도 정의하라. 바른 정체성과 바른 가치관이 잘 정립되면 자존감이 높아 타인에게 이용당하지 않게 보호하는 힘이 생긴다. 건강하고 바람직한 성경적인 세계관이 정립된 바탕 위에 자기 정체성을 가지면 된다. 사명으로 살게 되면 의미 있는 인생이 되고 타인에게 지나치게 의존하거나 이용당하는 공동 의존증이 없어질 것이다.

🌑 감정 표현 불능증(alexithymic)

> "소장님! 우리 아이가 자기감정을 잘 표현하지 못합니다. 엄마나 아빠의 감정도 공감을 못 합니다. 화를 잘 내고 잘 삐칩니다. 별것도 아닌 일에 섭섭해하고 중요한 일에는 무감각하기도 합니다. 자신의 힘듦과 기쁨을 상세하게 표현하지 못해서 답답합니다. 왜 이럴까요? 어찌 도와야 할까요?"

이것은 '감정 표현 불능증' 증세이다. 자신과 타인의 감정을 잘 인식하지 못하는 것을 찾아서 개선해야 한다. 감정을 타인들에게 언어로 기술하는 능력을 더 찾는다. 상상력과 다양한 창의성을 개발하고 늘인다. 문화와 인문학책과 예술과 여행 등으로 감성과 어휘력을 개발하자. 강박적으로 세부적인 사소한 사항이나 사건에 초점을 두지 않는 훈련을 하자. 순서나 정답에 너무 집착하지 않게 하자. 공감 감정 카드를 많이 활용하여 대화하자. 솔직하고 건강한 감정 표현을 하도록 노력하자. 스트레스 해소를 다양하게 하면서 자주 하자. 대인관계를 바르게 개선하자. 건강하게 화를 내자. 너무 참지 않게 하자. 감정지수(E.Q)를 높이자. 비언어를 개발하자.

세계적인 추세도 그렇지만 한국 사회가 더 급격히 '감정 표현 불능증'이 늘어나는 경향이 있다. 체면 문화와 남의 시선을 중요하게 생각하는 문화이기 때문이다. 부모 세대도 특히 청소년은 더 많이 늘어나고 있어 청소년을 돕는 교회나 부모, 상담하는 분들은 반드시 알아야 한다. 많은 정신질환이 '감정 표현 불능증'이 개선되면 같이 좋아지는 경우가 많다.

'감정 표현 불능증'은 1970년대 심리학자 피터 시프네오스(Peter Sifneos)가 소개했다. 한국어의 감정 표현 단어 중 72%는 불쾌한 감정 표현이다. 감정 단어가 총 430단어이다. 영어는 감정 단어가 2,000개이다(서울대 심리학과 민경환 교수팀). '감정 표현 불능증'의 사전적 의미는 "감정을 인식하거나 언어적으로 기술하는 데 어려움을 나타내는 상태"이다. 어원인 그리스어로는 "영혼(감정)을 설명하는 단어가 없다"이다. '정서 문맹자', '화병'에 가깝다. '심인성 통증(psychosomatization)'을 가지고 있다. 반추 사고나 침투 사고를 하지 말고 성찰적 사고, 반성적 사고를 하면 도움이 된다.

감정 표현 불능증의 4가지 정의이다(Sifneos와 동료인 John Nemiah).

첫째는, 자신과 타인의 감정을 잘 인식하지 못한다.
둘째는, 감정을 타인들에게 언어로 기술하는 능력이 부족하다.
셋째는, 상상력이 부족하다. 창의성과 수용성이 부족하다.
넷째는, 강박적으로 세부적인 사소한 사항이나 사건에 초점을 두
　　　느라고 감정의 융통성 없다. 너무 순서나 정답에 중요성
　　　을 가지고 있다.

충동적인 표현 정도("기분 나쁘다", "미치겠다")를 말하지만 진짜 자기
감정은 아니다. 자기감정도 정확하게 모르니, 상대 감정에 대한
공감이 더욱 안 된다.

감정표현 불능증을 치료하면 다른 질환도 잘 치료된다
먼저 감정 표현 불능증을 바르게 이해하자. 이는 감정이 아픈데
몸이 아픈 것으로 대신하여 표현하는 것이다. 음주, 폭식, 여행,
지나친 일, 성공 추구, 종교적 열심 등으로 행동화하는 것이다.
그래서 악순환이 반복된다.

자폐증은 50-85%가 감정 표현 불능증이다. 불안장애나 화병은
대부분 감정 표현 불능증을 동반한다. 우울장애와 공황장애는 무
려 50%가 감정표현 불능증이다. 외상 후 스트레스 장애는 41%

가 감정 표현 불능증이다. 그외에도 주의력 결핍장애, 과잉 행동 장애, 무기력증, 일중독, 스마트폰 중독, 조현증, 만성 요통, 근육통, 두통, 위장 질환, 알레르기 질환, 불면증, 가슴이 답답함, 식욕 부진, 거식이나 폭식 등 섭식장애, 무기력증, 현기증, 호흡곤란, 운동장애, 자살, 스마일 마스크 증후군(감정 노동 후유증)이 대부분의 감정 표현 불능증의 중요한 원인이다.

이는 질병이 아니라 성격 증상이다. 감정 표현 불능증이 없는 정신장애보다 이것이 있을 때 더 증세가 악화하고, 치유도 더 오래 걸리며, 힘들게 된다. 가난한 경우 좀 더 많이 나타나는 경향이 있고, 나이가 들수록 좀 더 심하다. 남성이 여성의 2배 정도이지만, 실제는 남성이 거의 4-8배 훨씬 더 심하다. 교육 수준이 낮거나 낮은 지위일 때 더 많이 나타나는 경향이 있다.

성령 충만하면 대부분 개선이 된다. 성령이 충만하지 못할수록 감정 표현 불능증이 생긴다. 성령 충만하면 희락과 긍휼과 눈물 등이 많아진다. 하나 됨이 쉬워진다. 감정이 풍부하고 남의 마음도 정서도 잘 공감하고 이해한다. 하지만 성령이 충만하지 못하면 억지 미소가 많다. 유머감이 부족하다. 전화, 문자를 대면보다 더 즐기고 자주 한다. 집에 혼자 있을 때 우울하고 불행해한다. 힘이 없다. 속을 터놓고 지내는 사람이 없거나 적다. 대화가 너무 적다. 울고 웃는 일이 적다. 자기감정 표현이 어렵다. 감정을 사실, 사건, 정보로 표현한다. 대인관계가 어렵다. 다른 사람의 감정을 잘 모르고 공감이 잘 안된다. 이야기를 늘 순서대로만 하려고 한다. 중요한 감정을 너무 단순하게 표현한다. 표현해도 남들에게 자기감정을 자세하고 솔직하고 정확하게 말하지 않아 여전히 남들이 자신을 잘 이해하지 못하게 만든다. 물론 남의 감정도 잘 이해하지 못한다. 느낌과 감정을 행동이나 몸으로 주로 표현한다. 공상과 상상력이 부족하다. 창의성과 융통성이 부족하고 경직되어 있다. 의사가 판별되지 않은 신체화 증상은 대부분 이 원인이다. 작은 일에도 화를 잘 내고 따진다. 쉽게 무시하고 상대의 소원이나 힘듦이나 기쁨을 잘 묻지 않는다.

"글쓰기"가 좋다. 상대의 감정을 자주 포착하고 알아 내는 연습을 하자
감정 교류 중심으로 대화하자. 사실 우리나라의 대화는 대부분 정보 위주이다. 감정 표현이 매우 부족하다. 대화에서 안전하고 편안한 사람에게 먼저 감정 표현을 잘하도록 노력하자. 상대의 말을 잘 듣고 관심을 갖자. 2배로 듣고 1/2만 말하는 대화가 매우 좋다. 타인의 감정을 자주 들어 주고 공감하자.

공감 감정 카드를 많이 활용하자. 자기와 타인의 감정에 더 적합한 이름을 붙여서 말하자. 솔직하고 건강한 감정 표현을 하도록 노력하자. 자기감정에 이름을 붙여 자세히 설명하자.

스트레스 해소를 다양하게 자주 하자

대인관계를 바르게 개선하자. 함께 하는 것을 더 많이 하자. 친구, 동역자, 전문가, 가정과 교회와 친밀감을 유지하자. 친한 소수와는 더욱 깊이 친밀해지기 위해 노력하자. 관계도 좀 더 확장하여 다양하게 대인관계를 하자.

건강하게 화를 내자. 참는 것을 절반 이하로 해야 한다. 한두 번 참고, 힘들거나 부탁할 것이 있을 때 정중하게 잘 이야기하는 것이 상대방에게도 좋다.

감정지수(E.Q)를 높이자. 비언어를 개발하자. 크게 웃자. 리액션(reaction)을 잘하자. 감정을 의견으로 말하지 마라. "…좋다. 싫다. 맞다. 글쎄, 아무거나, 잘 모르겠네요. 아니다."라는 말 대신 더 정확하고 구체적인 감정 단어를 사용하자. "…같아요. 글쎄요. 그냥, 아무거나요. 술 당기네(외롭네), 여행 가고 싶다(요즘 휴식이 필요해, 당신과 잘 지내고 싶다.), 반찬이 이게 뭐야(내가 미안하다. 잘못했다.)."

'나 전달법'으로 대화하자. 나 전달법이란, 자기 입장에서 말하는 것이다. 힘들거나 어려움이나 불만을 이야기해도 된다. "나는(저는) …한다(합니다)"라고 말하면 된다. 부드럽게 말하기를 노력하자.

비폭력 대화를 하자. 과장이나 왜곡을 하지 말고 사실 위주로 사진처럼 말하자. 끝말이 명령형이 아니라 청유형으로 끝내는 것이 좋다.

액자 대화(4:1)로, 칭찬이나 존재적 말을 4배로 하고 충고나 부탁이나 권면을 가운데에 넣어서 하자. 같이 울고 같이 웃자. 나의 소원을 건강하게 말하고 요구도 하자. 상대의 소원도 자주 묻자. 체면을 벗고 솔직하자. 낙엽 대화법으로 바닥 감정도 자주 이야기하고 또 상대의 바닥 감정을 잘 유도하고 잘 공감하자. 성령 충만하여 대화하자. 상대를 예수님의 사람으로 존귀하게 대하며 말하자. 핵심 감정(어릴 때 상처로 인해 생긴 힘든 감정이 성장 후에도 모든 정서와 행동에 나쁘게 계속 영향을 미치는 어두운 미해결 감정)을 치유하자. 자존감을 높이자.

자기 자신을 더 잘 알고 표현도 하자. ① 나는 무엇을 가장 좋아하고 그 이유는 무엇인가? ② 무엇을 무서워하는가? ③ 스트레스에 어떻게 반응하는가? ④ 무엇을 갈망(소원)하는가? ⑤ 내 고유한 특징과 성향이 다른 사람과 어떻게 다른가?

하나님 나라의 복음으로 회복하면 감정표현 불능은 없어지거나 치료된다. 성령 충만하면 하나님 나라를 당겨 누리는 계약금이라고 성경은 말했다. 하나님 나라를 성령의 보증과 인 치는 것이라고 고린도전서에 말했다.

왜곡된 하나님의 신관도 수정하자. 감정 표현 불능증의 그리스도인들은 대부분 신관도 왜곡되어 있다. 한국인의 약 70%가 넘게 차지하는 하나님의 신관인 '교도관', '선생님', 'CEO' 이미지를 내려놓아야 한다. 예수님은 베드로의 배반 후 "조반 먹자"라고 하셨다. 예수님도 나사로 무덤 앞에서 살리는 해결 중심을 먼저 하지 않으셨다. 우시며 공감과 함께하심을 우선하셨다. 한센인 환자들은 "나으라"라고 하기 전에 불쌍히 여겨 먼저 만지셨다. 치료하기 전에 먼저는 공감을 하셨다.

◖ 공황장애(Panic disorders, 恐慌)의 치유와 상담

> "소장님! 저는 남자 고등학생입니다. 그런데 가슴이 답답하고 숨이 막힙니다. 특히 사람이 많은 장소에서 더 그렇게 됩니다. 심할 때는 벽이 무너져 자신을 덮치는 것 같은 죽음의 공포에 떱니다. 무엇을 해도 두렵고 겁이 납니다. 자신이 너무 수치스럽습니다. 발작 이후 다른 사람들이 미친 사람이라고 보는 것만 같습니다. 도와주세요."

위의 질문은 공황장애의 증세이다. 안타까운 것은 요즈음 연애인에게 많이 생기는 병만이 아니라 대부분 목회자나 교사, 부모, 청소년들에게서도 공황장애가 너무 많이 진단되고 있다. 그에 비해 이해도 부족하고 공황 발작에 대한 이해도 너무 부족하다. 일단

약을 복용하면서 상담하자. 공황장애는 불안장애에서 시작한다. 그래서 불안 요소나 과도한 스트레스를 잘 해소하고 해결하는 상담을 진행한다. 인지행동 치료는 사소한 신체 감각을 파멸이나 죽음과 같은 파국적 상황으로 잘못 인식하는 것을 교정한다. 공황발작 대처법을 익혀 두자. 발작이 생길 때마다 잘 대처하자. 공황 발작이 일어나도 시간이 지나 증상이 사라지면 실질적으로 생명이 위협받는 상황이 아님을 자주 인지를 시킨다. 행동치료는 이완 요법, 호흡 훈련, 실제 상황에의 노출(In vivo exposure)이다. 상처받거나 큰 사고를 경험하는 것과 관련이 있는 상황에 약간씩 일부러 노출하는 것이다. 운동을 규칙적으로 하자.

공황장애는 대체로 청소년기 후기나 초기 성인기에 시작되어 40%는 완치가 된다. 50%는 증상이 있으나 생활에 별로 영향을 미치지 않지만 10%는 만성화되어 증상이 계속된다. 공황 발작의 정도나 빈도는 다양한데, 하루에 수차례 발생할 수도 있고, 한 달에 1회 이하로 발생할 수도 있다. 우울장애 같은 다른 정신질환이 동반되는 경우가 많다. 이런 경우 다른 질환이 전반적인 경과에 영향을 미칠 수 있다.

공황장애 특성에 맞게 대응하고 바르게 치료하자
약물 치료와 인지행동 치료와 신앙적 치료가 대표적인 치료 방법이다. 치료 시 대부분의 환자가 극적인 증상의 호전을 경험한다.

가족 치료와 집단 치료도 같이 하면 매우 좋다. 환자와 환자 가족에게 도움이 될 수 있다. 약물 치료를 반드시 같이 해야 한다. 증상 호전이 나타나려면 일반적으로 8~12개월 동안 약물 치료를 유지해야 한다.

인지행동 치료가 도움이 된다. 환자가 사소한 신체 감각을 파멸이나 죽음과 같은 파국적 상황으로 잘못 인식하는 것을 교정하자. 공황장애는 잘못된 믿음의 결과라고도 하기 때문이다. 공황 발작이 일어나도 시간이 지나 없어지면 실질적으로 생명이 위협받는 상황이 아님을 자주 인지시키자.

"나쁜 병이 아니야. 괜찮아", "한 시간이 넘는 경우가 없으니 차분히 기다리자", "대부분은 10분을 지속하지 않는다", "네가 염려하는 일은 일어나지 않아."

스트레스(직장, 지나친 책임, 갈등, 상처)를 잘 극복하게 하자. 공황장애는 우울장애와 함께 불안장애와 스트레스 해소 부족도 중요한 원인이다. 스트레스 해소 방법을 알고 바로 풀도록 도와주자.

어릴 적 상처를 주거나 폭력과 버림의 아픔을 준 이를 이해하고 용서하자
큰 사고로 인한 아픈 기억과 트라우마를 차라리 믿을 만한 사람 세 명 이상에게 고백하자. 그리고 그 상황이나 사람을 잘 이해하

자. 그 상황을 조금 더 안전한 상황에서 반복하며 다시 극복하자. 행동 치료도 매우 도움이 된다. 이완 요법, 호흡 훈련이다. 누워서 길게 심호흡하기, 누울 곳이 없으면 편안히 앉아서 길게 심호흡을 여러 번 하기이다. 대인관계를 깊고 폭넓게 하자. 긍정적인 마음 갖자. 하루에 세 번 이상 박수를 치면서 큰 소리로 웃자. 회피하고자 하는 행동을 조금씩 일부러 단계별로 노출시켜서 치료하자. 잘 되면 점점 더 강하게 노출시키는 훈련을 하자. 둔감 훈련이다.

실제 상황에의 노출(In vivo exposure)이 좋다. 특히 어릴 적 상처를 받았거나 큰 사고를 경험한 것과 관련이 있다. 이런 특정 상황에 약간씩 일부러 노출해 보는 것이다. 친밀한 사람과 함께 하다가 혼자서도 해 보고 약간 짧은 시간에서 강하게 긴 시간 노출해 보는 것이다.

불안하면 제3의 방법에 정신을 집중하자. 게임하기, 노래하기, 음악 듣기, 악기를 연주하기, 기도하기, 운동하기, 바둑이나 장기 두기 등이다. 도움이 많이 된다. 빠른 안정과 면역이 생기기 때문이다. 해로운 음식을 절제한다. 카페인, 술, 담배, 커피, 탄산 음료, 홍차, 에너지 드링크, 패스트 푸드를 먹지 말자. 단, 좋은 커피 원두는 하루에 한두 잔은 괜찮다. 녹차를 제외한 다도를 즐기자. 특히 대추차, 감초차, 보이차, 잎차, 우엉차 등이 심리적 안정을 준다.

잠을 꾸준히, 충분히, 규칙적으로 자자. 잠은 모든 병을 공통적으로 회복하는 기능이 있다. 피로 회복을 잘하고, 감기를 조심하자. 충분한 영양 공급과 비타민 복용 등을 잘하자. 깊고 많은 수면을 해야 한다. 운동도 규칙적으로 하자. 나만의 운동을 주 3회 이상 강도 있게 하자. 신체 기능이 회복되면 심리적, 영적 기능도 보완된다.

음식으로도 도움을 주자. 공황장애에 좋은(호르몬 조절을 잘하고 면역력을 키우며 안정을 주는) 음식은 홍삼이다. 특히 발효되면 더 좋다. 바나나, 검정콩, 견과류(호두, 밤 등), 상추, 양파, 포카디온(이브풍루아에서 온 약), 칼슘 보충(멸치, 우유, 검정콩, 검은깨, 참치, 우렁, 생김, 게살, 꽁치, 쥐포 등), 비타민, 대추차, 감초차가 좋다. 건강한 식사를 해야 한다. 힐링 푸드와 건강 식단도 더불어 같이 하자.

재미있는 활동을 하자. 놀이 활동, 문화 활동, 스포츠, 예술이 대표적이다. 일 외에 즐거움과 성취감을 주는 활동을 많이 하자. 적극적으로 사랑하자. 가족이나 동역자나 친구와 친밀하게 지내며, 포옹, 하이파이브, 악수 등 스킨십을 자주 하자. 진실한 대인관계를 잘하자.

하나님과 일상적인 예배와 말씀 묵상에서 은혜를 누리며, 성령 충만하자. 자연 친화력을 높이자. 대표적인 것은 여행, 산책, 공원, 등산, 물고기나 짐승 키우기 등이다. 건강하고 의미 있는 신앙생활을 하자. 기도 생활을 자주 꾸준하게 하여 회복하자. 기도를 적어서 읽는 방법을 추천한다. 찬양곡을 자주 듣자. 기도를 부탁하고 자주 기도를 받자. 자주 감사를 적으면서 노력하자.

가치 있는 일에 집중하자. 하나님 나라에 관한 이야기와 자신의 이야기를 써 가자. 생각의 왜곡을 수정하고, 비합리적인 사고에 직면하자. 자신을 자주 통찰 사고하고 침투 사고를 제거하자. 3분 이상 생각해도 안 되면 침투 사고이다. 생각을 멈추고 다른 건강한 행동으로 옮기면 좋다. 다른 관심사로 옮기라는 것이다.

스스로 공황발작 대처법을 익혀 두자. 발작이 생길 때마다 잘 대처하자. 증상, 발작, 특이 행동을 모두 상세하게 기록하자. 횟수, 일시, 일어난 시간, 내용, 강도 등을 기록하자. 자기 기분을 기록표로 작성해 보자. 먼저는 자신을 객관적으로 보게 되어 스스로 좋아지게 된다. 의사나 상담가에게 매우 도움 되는 자료를 주게 된다.

공항장애 발작에 대한 응급 처치를 미리 알아 두고 돕는 사람도 알게 하자. 공황발작을 잘 받아들이자. 공황장애 증상으로 절대 죽지 않는다. 10~20분 후면 정상으로 돌아온다. 위험하지 않다고 말하거나 위험하지 않다고 생각하자. 주변 사물을 바라보고 다른 곳에 집중하자. 먼 곳을 보고 다른 것에 관심을 집중하자. 자연이면 더 좋다.

복식 호흡을 10회 이상 한다. "나는 완화할 수 있어", "실제는 위험하지 않아", "10분 후면 괜찮아진다" 등 혼자서 소리 내어 말하자.

다음과 같은 이완 요법 3가지를 바로 실시한다. 3회를 실시한다.

① 5~7초 두 주먹을 쥐었다가 15~20초 동안 편안하게 펴기

② 5~7초 두 팔을 올렸다가 15~20초 동안 편안하게 내리기

③ 5~7초 두 어깨를 으쓱하며 올렸다가 15~20초 동안 편안하게 내리기

편안한 곳에 10~20분 정도 그냥 머물자. 화장실이나 개인적으로 조용하고 편안하게 느끼는 곳을 찾아서 머무는 것이다. 증상이 발현되면 보통은 10분 후에 최고조로 힘들다가 대부분 20~30분 안에 모두 사라진다.

'봉지 호흡법'을 하자. 봉지 입구를 입에 대고 숨을 가득히 내뱉은 다음 뱉은 이산화탄소를 다시 흡입하는 것을 반복한다. 체내

에 이산화탄소 농도가 증가하면 숨이 가쁘고 어지러운 증상이 빠르게 회복된다.

4-7-8 호흡법을 실시한다. 4초간 코를 통해 숨을 들이마시고 7초간 숨을 참은 다음 8초간 입을 통해 숨을 길게 내뱉는다. 세 번을 반복한다. 하루 2회 6-8주간 시행하면 진정이 잘 된다.

자세를 바르게 하자. 가슴을 쭉 내밀고 어깨를 피면 호흡도 좋아지고 자신감도 생기고 불안도 줄어든다. 구부정한 자세는 불안을 더 유발한다.

감정을 글로 적어 보자. 발작 상황도 글로 자세히 자주 적는다. 특히 발작 상황은 나중에 진료 시 의사에게 중요한 도움이 되어 처방을 받는 데 유익하며, 상담가에게도 중요한 자료가 된다. 감사한 것을 글로 많이 적으면 호르몬 분비가 안정을 찾는다. 부정적 스트레스가 감소하거나 없어진다.

주의력 결핍 과잉 행동장애 청소년, 이렇게 회복했다

"소장님! 우리 아이가 너무 산만합니다. 집중을 못하고 계속 움직입니다. 자신을 제재하는 친구나 선생님께 반항도 합니다. 충동적으로 행동하고 말하고 한 번씩 폭력적인 행동도 합니다. 그러다가 우울할 때도 있고 자주 불안해 보이는 정서도 있습니다. 학습은 대부분 기초가 부족합니다. 왜 이럴까요? 어찌 도우면 될까요?"

이런 것은 ADHD(주의력 결핍 과잉행동장애, Attention Deficit Hyperactivity Disorder)의 일반적인 특징이다. 부모와 교사, 교회 지도자의 교육과 상담도 같이 필요하다. 아이의 행동을 잘 조절할 수 있도록 부적 강화가 아니라 긍정강화를 하면 된다. 특히 가족관계에 부정적인 역동을 제거해야 한다. 약물과 함께 상담과 훈련도 병행하면 더욱 효과가 좋다. 가정이 안정되는 것이 중요하다. 영적으로 하나님 품에 거하게 하면 좋다. 아이가 하나님과 하나 되고 예배의 은혜를 누리게 하는 것이다. 신앙적으로 은사를 여러 개 찾아 개발, 발전하게 하여 타인을 돕고 하나님 나라를 이루는 사명을 이루게 하면 좋다. 학습 치료도 반드시 해야 한다. 학습 검사를 구체적으로 하여 아이의 취약점을 발견하여 그 부분을 도와주어야 한다. 놀이 치료가 매우 효과가 좋다. 운동과 활동을 많이 하는 기회를 주면 좋다. 사회성 증진 프로그램에 참여해야 한다. 상대 배려 훈련, 공감 훈련, 자기주장을 상대에게 건강하게 전하는 방법 등을 훈련하도록 도와주면 된다. 공동체 게임이 효과가 좋다.

ADHD는 주로 아동기에 많이 나타나는 장애이다. 치료하지 않고 방치할 경우 아동기 내내 여러 방면에서 어려움이 지속된다. 일부 30~70% 경우 청소년기와 성인기가 되어서도 증상이 남게 된다. 최근 ADHD 아동의 증가세가 매우 가파르다. 산만함, 과잉행동, 충동성 3가지 특징으로 나타난다. 최근에는 소아 청소년기 말고도 성인에게 주의력 결핍 과잉행동장애가 발생할 수 있으며, 성인기에 진단되기도 한다. 성인 ADHD는 소아 청소년기와 다른 특징으로 나타날 수 있어 진단이 어려울 수 있다. ADHD 환자는 80%가 우울장애, 불안장애, 충동조절장애를 동반한다.

ADHD(주의력 결핍 과잉행동장애)의 5가지 특징이 있다.

① 주의력 결핍-부주의, 집중력 결여
② 과잉행동
③ 충동성
④ 낮은 자존감
⑤ 반항적 태도이다.

ADHD 청소년의 상담과 치유에 8가지 방법이 특히 효과가 있었다.

첫째는, 부모와 교사, 교회 지도자의 교육과 상담이다. ADHD 자녀와 제자를 무조건 야단치는 것은 도움이 되지 않는다. 오히려 좋지 않은 증세를 더 강화하게 한다. 부모와 교사는 아이의 증상에 대해 바르게 이해해야 한다. 아이의 행동을 잘 조절할 수 있도록 부적강화가 아니라 긍정강화를 하면 된다.

아이와 비폭력으로 대화하는 법, 긍정강화를 하는 법, 소거(消去, elimination) 기법, 액자 대화법, 문제 소유 나누기 대화법, 나-전달법, 아이의 자제력을 키워 주는 법, 스스로 책임지게 하는 법 등을 부모와 교사는 알아야 한다. 특히 가족관계에 부정적인 역동을 제거해야 한다. 부부 사이가 좋아야 한다. 부모와 교사가 각자가 성숙하고 독립적이어야 한다. 혼자서도 행복해야 한다. 특히 전문가를 통해 아이의 불안과 스트레스를 제거하는 좋은 가정 환경을 제공하는 것을 코칭받아야 한다. 양육과 훈육법을 개선해야 한다.

둘째는, 반드시 약물 치료를 병행하는 것이다. 물론 약물과 함께 상담과 훈련도 병행하면 더욱 효과가 좋다. 약물 치료는 효과적이고 안정된 것이다. 대인관계, 집중력, 학교생활, 학습 태도, 심리적 안정에 크게 도움을 준다.

셋째는, 가정의 안정이다. 심리 정서와 영적인 치료를 함께 하면 완치에 더 다가설 수 있다. 가장 좋은 심리 치료는 부모가 행복하고 부부 사이가 좋아지는 것이다.

넷째는, 영적으로 하나님 품에 거하게 하는 것이다. 아이가 하나님과 하나 되고 예배의 은혜를 누리게 하는 것이다. 성경 암송을 자주 하게 하고 보상하는 것도 효과가 매우 좋다. 신앙적으로 은사를 여러 개 찾아 개발, 발전하게 하여 타인을 돕고 하나님 나라를 이루는 사명을 이루게 하면 좋다.

다섯째는, 학습 치료다. 아이는 학교나 교회나 집에서 자신의 학습 태도나 예배 태도에 대해 부정적인 말과 반응을 많이 들어왔다. 그래서 학습 분야에 자신이 없다. 학습 동기가 매우 약하다. 그래서 학습 치료는 학습 검사를 구체적으로 하여 아이의 취약점을 발견하고 그 부분을 도와주어야 한다. 아울러 강점과 특성을 발견하여 숨어 있는 재능과 능력을 발휘하도록 도와주어야 한다.

여섯째는, 놀이 치료다. 매우 효과가 좋다. 발달 단계상 유치원생이나 초등학교 저학년은 마음과 생각을 말로 표현하는 것이 어렵다. 그런데 놀이 치료는 아이가 억눌렸거나 답답하거나 불안하거나 스트레스를 받은 것들을 잘 표현하게 하고, 안정감을 갖게 한다. 흥미로운 활동을 많이 하게 되어 자신감과 자존감도 향상된다. 자기 조절의 능력, 집중력도 길러진다. 몸에 에너지도 잘 발휘하여 수업이나 예배에 잘 집중하고 잠도 잘 수 있게 한다.

일곱째는, 운동과 활동을 많이 하는 기회를 주는 것이다. 건강하게 에너지를 쓰면 신체 리듬이 균형을 잡아 과잉 행동이 줄어들고, 심리적으로도 안정감과 자신이 생긴다. 밤에 수면의 질도 좋아져 스트레스와 불안도 낮추어준다.

여덟째는, 사회성 증진 프로그램에 참여하는 것이다. ADHD 아이는 친구 관계에 어려움이 많다. 사회관계 증진을 위한 프로그램을 학교와 부모와 교회가 운영할 필요가 있다. 상대 배려 훈련, 공감 훈련, 자기주장을 상대에게 건강하게 하는 방법 등을 훈련하도록 도와주면 된다. 이것을 모두 담는 최고의 훈련은 공동체 게임이다.

ADHD 청소년의 실제 치유 사례

상담가로 있는 지금보다 현직 교사로 28년 근무하면서 대략 50여 명의 ADHD 청소년을 완치하였다. 다양한 노력이 있지만 가장 많이 하고 공통적인 것은 1시간 간격으로 긍정강화를 지속적으로 하고 부적강화를 하지 않은 것이다.

긍정적인 행동을 찾아서 관심을 주고 칭찬하였다. 부정적인 행동은 야단치지 않고 무관심했다. 긍정적 행동은 자주 칭찬하고 강화하였더니 긍정적 행동이 4배로 강화되었다. 그와 동시에 부정적인 행동은 1/4로 줄어들었다. 지금까지 조금이라도 잘할 때도 너무 잘못하는 것이 많아 부모와 교사와 친구들로부터 칭찬이나 인정을 받지 못했다. 그렇게 되면 문제 행동이 줄어들지 않는다.

아이가 관심을 보이는 부분을 같이 관심을 가지고 자주 들어주었다. 조금이라도 있는 긍정적인 면, 잘한 것을 칭찬하였다. 나쁜 행동 중에 위험한 것 빼고는 전부 지적하기보다 무관심하였다. 그러면 관심을 끌고 인정을 받으려고 문제행동을 하지 않았다. 이것을 교사만이 아니라 부모와 친구 몇 명에게도 부탁해서 동시에 자주 여러 곳에서 했다. 효과는 더 좋았다.

칭찬하는 방법은 신체적 표현을 해 주었다. 껴안아 주기, 미소 짓기, 머리나 어깨를 두드려 주기, 엄지손가락 치켜세우기, 얼굴 보고 웃어주기, 가벼운 포옹 등이다. 언어적 표현으로도 칭찬하였다. "정말 … 부분이 좋아져서 선생님 마음이 기쁘다", "감동했다", "멋지다", "와우", "수고했다", "…하다니 선생님 기분이 좋구나." 조금만 잘해도 즉시 칭찬(긍정강화)하면 부정적인 행동으로 관심을 끌려는 것이 사라졌다.

상으로 칭찬을 자주 해 주었다. 잘할 때마다 스티커를 붙여주어 어느 정도 차면 바라는 것을 들어주거나 용돈을 더 주거나 시상하였다. 물론 부모와 가정에서 같이 시행하였다. 그냥 용돈을 주는 것보다 상, 보상으로 용돈을 주는 것이 좋다. 운동을 조금 더 다양하고 많이 할 때 자기 관리가 더 잘되었다.

아동의 자기 가치를 높이는 방법도 썼다. 대부분 아동은 교사를 도와주는 도우미 역할을 하는 것을 좋아한다. 읽기 센터의 책을 바로 꽂아두도록 하기, 자료를 나누어 주고 함께 읽는 큰 책의 페이지를 넘겨주는 것, 아이가 들뜨기 시작할 때 아이 옆으로 가서 눈을 보고 아이가 기대하는 무언가를 위해 조금만 기다리면 될 것이라고 말해 주었다.

주의 집중 곤란(산만함)을 다루는 방법으로 주변을 간단한 것부터 정리하게 했다. 아동의 생활을 단순화하게 했다. 일상생활에서 반복되는 것을 단순하고 예측하는 것이 가능하게 했다. 과도한 변화나 갑작스러운 활동을 개입시키는 것을 조심했다. 스케줄표를 함께 작성하고 잠자기 전이나 아침에 함께 보고 해야 할 일들을 상기시켰다. 이것은 부모에게도 부탁해서 실행한 부분이다. 한 과제에 집중하는 시간이 상대적으로 짧으므로 시간을 안배해 분량을 먼저 생각한 후 타이머를 곁에 두고 시작하게 하였다.

효과적으로 지시를 내렸다. 무엇을 시킬지 확실히 했다. 질문이나 부탁처럼 지시하지 않고 간단하고 직접적으로 짧게 말했다. 그리고 다소 사무적인 목소리(권위적이거나 강압적이지 않게)로 말하도록 했다. 한 번에 한 가지만 지시했다. 그 이상은 서로 상충이 되어 잔소리로만 들린다. 그래서 반드시 한 번에 한 가지만 지시하고 지시한 것은 자기 말로 다시 해 보라고 하였다. 지나간 것은 말하지 말고 항상 지금 상황만 이야기하였다. 과제가 복잡한 것은 여러 작은 단계로 나누고 한 번에 한 단계씩만 따를 수 있도록 했다. 아동이 나에게 주의를 집중하도록 게임이나 신호를 만들어서 말 대신 하였다. 수신호를 제일 많이 사용했다. 교사나 부모의 말에 주의를 기울이고 있는지 자주 확인하고 대화는 늘 시선을 맞춘 상태로 했다.

지시하기 전에 모든 잡음이나 방해물을 줄였다. 지시를 내리기 전에 아동을 산만하게 만드는 요소들을 미리 치웠다. TV 보고 있을 때, 다른 행동을 하는 것을 중단하도록 한 후 다른 일을 지시했다.

전두엽 발달을 촉진하는 체계적인 독서 치료, 인지 학습 치료를 했다. 용돈은 반드시 부탁한 바람직한 약속을 수행한 후에 주도록 부모님께 부탁했다.

지시나 야단을 칠 때는 엄격하게 했다. 감정이 없이 간결하게 10단어 안으로 해야 한다. 감정이 개입되지 않게 하고 화를 내며 말하거나 부탁하거나 슬픈 듯이 질문형식으로 하지 않았다. 모호한 말 대신 특정 행동을 직접 지칭해서 말했다. 예를 들면, "마음에 안 든다"에서 "( )를 괴롭히는 것을 그만 해라"라고 했다. 쌀쌀맞거나 위협적인 말투 대신 건설적인 말로 미소 지으며 이야기했다.

예를 들어, "너 때문에 골치가 아프다"가 아니라 "난 네 성격이 걱정이다"라고 했다. 벌칙은 초등학교 4학년부터 중고등학생은 이미 체벌은 효과가 거의 없다. 주로 자녀나 제자의 단점 속에서도 장점을 격려하는 방법이 좋다. 잠을 많이 잔다면 "성격이 좋다", 말하지 않으면 "잘 들어주어서 고맙다", 부모나 교사에게 대들면 "너의 생각을 분명하게 말해 주어 고맙다" 등이다. 이것을 재명명(Relabeling, 부정적인 것을 긍정적인 면으로 개선하여 다르게 이름을 짓는 것)이라 한다. 자녀는 완전하게 분화가 되지 않았기에 나쁜 것이 대부분 좋은 것과 섞여 있다. 나쁜 것을 질타하면서 좋은 것도 같이 버려진다. 나중에는 결국 자녀의 은사와 재능을 거의 발휘하지 못하게 되는 결과를 만든다.

추천하는 벌로는 타임아웃이 좋았다. 자기가 좋아하는 일이나 공간에서 격리시키는 것으로 3~5분이 적당했다. 나쁜 행동은 즉시 교정했다. 아니면 관심을 철회하였다. 나쁜 방법으로 자신의 욕구를 강조하는 것은 관심을 두지 않았다. 그래야 다음부터는 고집이 통하지 않는다는 것을 보여 주는 것이다. 소멸기법이다. 모든 벌을 아이나 제자와 잘 상의하여 실행하였다.

청소년의 귀신 든 것과 정신질환을 잘 구별하자

청소년들의 귀신이 든 것과 정신질환을 잘 구별해야 한다. 다르게 해결하여야 하기 때문이다. 지금까지 오랜 기간 상담 사례에서 성경적으로 도와준다면서 조현증이나 뇌전증인데 구분하지 못하고 귀신이 들었다고 축사(逐邪, 요사스러운 귀신이나 기운을 물리쳐 내쫓다)해서 더욱 악화시킨 경우가 많았다. 환자 청소년에게 심한 상처가 되는 것은 당연할 것이다.

귀신 든 현상과 정신질환의 4가지 구분법이 있다.

조현증(정신 분열증) 증세와 뇌전증의 모습은 귀신 들리는 모습과 유사하다. 하지만 분명한 차이가 있다. 귀신은 정신질환과 4가지 분명한 구분 기준이 있다.

첫째, 힘의 차이가 다르다. 귀신은 없던 불가능한 힘이 있다.
둘째, 언어의 차이가 있다. 귀신은 평소에 쓰지 못하는 언어를 사용한다.
셋째, 약의 효과에서 차이가 있다. 귀신은 정신질환의 약을 먹어도 효과가 없다.
넷째, 성경 말씀과 보혈 찬양과 축사와 기도에 영향받는 것이 다르다. 귀신은 성경 말씀과 보혈 찬양과 축사와 기도에 영향을 받아 힘들어하고 쫓겨나고 고통을 받는다.

귀신 든 청소년 치유를 위한 축사 때에 주의할 점 3가지를 지키자
첫째, 혼자 축사하지 말라. 귀신이 나가도 안 나가도 둘 다 부작용이 심하다. 나가면 말씀과 예배와 하나님의 뜻에 건강하게 의지하지 않고 사람에게 의존하게 만드는 위험이 있다. 당사자도 귀신이 나갔다고 우쭐대거나 교만하거나 그것만을 추구하게 되는 위험이 있다. 귀신이 나가지 않으면 수치와 열등감과 무기력이 생긴다. 사역에도 방해가 된다.

둘째, 공동체로 합심해서 축사하라. 지도자나 축사하는 한 사람이 중심이 되지 말고 임원이나 핵심 멤버그룹이 먼저 귀신 든 청소년을 눕히거나 안고 나머지 모두가 핵심 멤버의 등 뒤로 손을 얹고 같이 "예수 그리스도의 이름으로 명하노니 … 있는 귀신은 떠나갈지어다"라고 세 번을 크게 선포하고 통성으로 기도하자. 공동체가 귀신 든 친구에게 십자가 보혈이 입혀지고 귀신이 나가며 대신 성령이 충만해지기를 3~5분 정도 같이 기도한다. 이후 환자는 아무도 없는 별도 공간에 누이고 이불을 덮어 한숨 자게 한다. 정서적 안정과 보호를 해 주어야 한다. 그렇게 하면 귀신이 나가도 한 사람에게 집중하지 않고 공동체 전부가 은혜와 부흥이 일어난다. 나가지 않아도 모두가 책임을 나누고 지속적으로 같이 기도 제목을 품게 되어 유익하게 된다.

셋째, 때리거나 밀거나 하는 비인격적인 폭력을 사용하는 축사는 매우 성경적이지 않다. 인격적으로 안정하게 하고 그냥 건들지 않고 중보 기도하거나 동성의 핵심 멤버 몇 명이 같이 안아주며

기도하는 방식이 하나님이 원하시는 방법이다.

◐ 청소년의 위기(危機, Crisis)상담 방법을 바르게 알고 대처하자

> "소장님! 자살 상담을 많이 하신 것으로 압니다. 저희 교회 중학생
> 중에 자살을 시도하며 손목을 세 차례 긋기도 했습니다. 어찌 도와
> 주면 될까요?"

청소년의 죽고 싶다는 것은 사실 어른과 달리 '살고 싶다. 나에
게 관심을 주세요. 도와주세요.'라는 요구이다. 자살 상담은 일단
10분 이상만 연기시키는 것이 제일 중요하다. 이후 상담이나 지
속적인 만남을 통해 보호 요인을 늘이고 강화시킨다. 부모와 학
교와 교회, 사회가 같이 노력해야 한다. 위험 요인을 잘 파악하여
제거하거나 줄여주어야 한다. 이때 부모와 교사와 친구들이나 교
회의 도움을 받아야 한다. 개인적으로 큰 상처와 불안과 스트레
스를 잘 파악하여 해소를 시키는 것이 재발을 막는 방법이다. 마
지막으로 자살 상담이 잘되지 않을 때는 부모에게는 필수로 연락
해 주고 경찰서에도 신고하는 것이 좋다. 이후 자신이 감당 안 되
면 자살 상담 전문가에게 연결하여 주어야 한다.

우리나라 청소년 자살률은 슬프게도 세계 1위이다. 그리고 스마
트폰 중독과 생존 경쟁 사회로 인해 더 늘어나는 추세이다. 앞으

로 학교도 부모도 교회도 청소년을 대상으로 사역하고 상담하고 가르치고 있다면 늘어나는 청소년 자살 상담에 기본 방법은 알고 대처해야 한다.

청소년 자살을 바르게 이해하자. 보통 자살한 사람 93%가 징후를 보였다. 하지만 가족조차 81%가 몰랐다고 한다. 청소년들도 언어적 신호, 정서적 신호, 행동적 신호를 한다. 이럴 때 방관하지 말고 적극 참견하고 관심을 기울이고 자살에 대해 직접 물어야 한다. "설마 괜찮겠지"라는 안일함과 무지가 청소년을 위험으로 빠트린다.

청소년의 위기 상황에서 7가지로 잘 경청하라.

① 상담자가 이야기가 확장되도록 개방적인 질문을 많이 한다.
  정보를 요청하라. "…에 대하여 이야기 좀 해 주세요", "…을 보여 주세요", "…는 어떻게 된 것인가요?"
  계획에 초점을 가진 질문을 하라. "당신은 …을 어떻게 할 것입니까?", "어떻게 그것을 이루어지도록 할 것입니까?"
  '왜'라는 질문은 피한다. '어떤'을 대신 쓰는 것이 좋다.

② 폐쇄형 질문도 경우에 따라 해야 한다.

③ 특정 정보를 요구할 때, 자살 수준이나 방법 등을 물어라.

④ 참여 약속을 받을 때, 시간을 연장하고 확실한 연락을 받도록 하자.

⑤ 특정 의문문을 잘 사용하자. 특정한 형태를 가지고 질문하는 것으로 '예', '아니오'로 대답할 수 없는 질문이다. "어떤 것이 가장 힘든가요?", "어째서 그렇게 생각하나요?", "잘 극복할 때는 언제였을까요?"

⑥ 감정을 자기 것으로 표현한다. 또 반영을 적극적으로 한다.

⑦ 침묵을 적절하게 사용해야 한다. 특히 노인에게는 더욱 그러하다.

위기 청소년들에게 상담할 때 가장 효과적인 질문 4가지가 있다.

나의 오랜 자살 상담에서 가장 많이 한 질문 4개를 추리면 다음 4가지이다. 이 질문은 일반 상담에서도 매우 많이 사용한다. 상담이 아니라 가족이나 성도끼리도 이 4가지 질문은 좋은 결과를 가져온다.

"잠은 잘 자니?", "밥은 잘 먹니?", "요즈음 무슨 일이 있었니?", "혹시, 자살에 대해서 생각하고 있니?"(돌려 말하지 말고 직접적, 구체적으로 확인)라고 질문하자. 이는 모든 힘든 것들을 잘 파악하게 해 주는 마중물 역할을 하는 질문이다.

청소년 자살 예방을 위한 7단계(위기 개입)를 지키라

청소년의 자살 상담에서 말할 시기와 침묵할 시기를 잘 구분하자. 전도서 7장은 성경적 상담의 원칙을 제시하고 있는데 그것은 '말할 때와 침묵할 때를 아는 것'이라고 강조했다.

> "말이 많으면 허물을 면하기 어려우나 그 입술을 제어하는 자는 지혜가 있느니라"(잠언 10:19).

상담자는 너무 많은 것을 말하려고 하지 말아야 한다. 상담자는 내담자가 자신의 문제를 이야기할 때 그 말을 유의해서 듣고, 유의해서 말해야 한다. 다음 7가지 단계에 충실하면 좋다.

1단계 : 질문을 하라. 자살 의도를 물어라. 자살 위험성을 평가하라. 자살의 과거력을 물어라. 자살 계획을 물어라.

① 혼자 결정해서 잘못 결정되었을 수도 있지 않을까?

② 이 전에 참 좋았던 것을 말해 주겠니?

③ 나에게 연락을(찾아온 것) 준 것은 대단히 힘든 일인데 용기 있는 결정을 했다.

④ 조금이라도 …가 잘해 준 적은 없니?

⑤ 그러니까 너는 … 것으로 이해했는데 바르게 이해한 것이 맞니?

⑥ …만 문제가 있을까?

⑦ "우리에게 시간이 아직 있다. 나와 만나서 대화하고 결정해도 늦지 않다."

자살 여부에 관한 생각을 물어라. 자살 이야기를 하면 혹시 자살을 부추기지 않을까 하는 염려를 내려놓아야 한다.

"혹시 자살하고 싶다는 생각을 했니?"

자살 생각 정도를 파악하는 질문을 하라. 자살 생각에 대한 정도나 강도, 횟수, 방법들을 구체적으로 질문한다. 자살의 환상이 어떤 것이고 어느 정도인지 파악한다.

"죽고 싶다는 생각을 1주일에 몇 번, 아니면 한 달에 몇 번 하니?"

2단계 : 시간을 벌어라. 10분만 죽음을 미루어도 90% 이상은 죽지 않게 된다.

3단계 : 안전한 치료적(보호적) 환경을 마련하라. 도와줄 자원이 있는지 묻고 활용하게 하라.

4단계 : 계속 이야기하라.

5단계 : 안전망을 형성하라.

6단계 : 생존계획을 수립하라.

7단계 : 안전 동의를 받아라. 자살하지 않겠다는 약속을 구두로라도 받아라. 그렇게만 해도 대부분 죽지 않는다.

이후 자아 존중감, 자기 가치감, 회복 탄력성, 정신질환, 당면 문제 해결을 위한 상담이나 치료 및 주변의 도움을 받는 계획을 하고 약속하라.

부모에게 요청해서 가정에서부터 학교와 교회에서 청소년의 보호 요인을 강화하게 하여야 한다. 또한 부모와 함께 청소년 상담에서 나온 위험 요인을 제거하여야 한다. 청소년 위기 상담의 중요한 해결 방법이다. 특히 상담 이후 변화가 보이지 않으면 바로 부모나 경찰, 다른 전문가에게 이양하거나 신고하여야 한다. 비밀 보장보다 생명 유지가 더 중요하기 때문이다.

자살 예방을 위한 상담에서 다음의 8가지 말을 하면 안 된다.

① "네가 어떻게 느끼는지 다 안다. 얼마나 힘든지 다 안다."

② "자살은 안 된다. 죽으면 안 된다. 자살은 죄다. 자살하면 구원 못 받는다. 자살하면 지옥 간다. 자살은 하나님이 싫어하신다."

③ "하나님은 감당하기 어려운 시련은 주지 않는다. 다 잘될 거야."

④ "하나님의 좋은 뜻이 있을 거야."

⑤ "그냥 잊어버려라. 별일 아니다."

⑥ "더 힘든 사람도 살아간다."

⑦ "죽을 용기나 힘으로 다시 살아라."

⑧ "기도(신앙이)가 부족해서이다. 기도를 더 해 보자."

자살 유가족도 외상 후 스트레스 장애(PTSD) 예방을 위한 상담을 해야 한다. 자살 유가족은 자살로 인해 사별(Suicidal Survivor)한 사람을 말한다. 주로 8명에서 20명이 한 명의 자살로 인한 자살 유가족이 된다. 우리나라는 대체로 자살을 쉬쉬하며 유가족의 상담을 하지 않는다. 매우 위험하다.

상실에 대처하기 위한 유가족 지침은 슬픔의 시간을 가져야 한다. 뜻하지 않은 반응을 예상해야 한다. 감정을 적극 표현해야 한다. 자살 유가족 자조 모임에 가는 것도 좋다. 다음의 말을 해 주어야 한다.

"자살은 누구의 잘못도 아닙니다."
"고인도 자책을 원하지 않습니다."
"고인도 당신이 잘 살길 바라고 다만 잊고 잘 기억해 주기만을 바랄 것입니다."

자신만의 시간을 잘 가져야 한다. 지금 당장 사람의 모든 의무를 시작해야 한다고 느껴서는 안 된다. 남을 의식하지 말고 자신만의 시간이 필요하다. 자신의 다음 계획을 세우고 전념하여야 한다. 예식을 이용하여 충분히 애도해야 한다. 자신을 돌보기를 해야 한다. 전문가의 도움을 잘 수용하고 받아야 한다.

CHAPTER 6

구조적 모델을 찾는 다음 세대

"다음 세대를 위한
교회 구조적 변화와 지원"

한국 교회가 장마에 구멍 난 집 같다. 안식처요 쉼터여야 할 집이 구멍이 나니 안식도 쉼도 사라졌다. 구멍은 계속 커지고 집이 무너질 위험성을 느낀다. 다음 세대를 말하면서도 다음 세대를 위한 사랑의 수고와 헌신은 없고 무성한 말만 많다. 그러니 계속 구멍만 커진다.

목회데이터연구소에서 예장 통합총회 교세통계자료와 일반 학령인구에 대한 교육부의 교육기본통계조사 결과를 비교했는데 현재 상황의 심각성을 잘 보여 준다. 일반 학령인구의 경우 2013년 653만 명에서 2022년 527만 명으로 10년간 19% 감소하였다. 같은 시기에 예장 통합의 경우 교회학교 학생은 2013년 34만 명에서 2022년 21만 명으로 10년 새 37%가 줄어들었다. 일반 초중고 학생들의 감소 속도보다 2배가량 더 빠른 것이 주목할 부분이다. 초등학생의 경우 지난 10년간 일반 학령인구는 4%만 줄어든 것

에 반해, 교회학교는 무려 36%가 줄어 매우 큰 위기를 보인다는
것은 교회학교의 위기를 잘 보여 준다.

[표] 초중고 학생인구 변화
(일반학생 vs 교회학교 학생, 만 명)

구분	2013	2022	증감률
일반 학령인구	653	527	-19%
교회학교인구 (예장통합)	34	21	-37%

<출처> 일반 학령인구 : 교육부, '2023 교육기본통계 조사 결과 발표', 2023.8.30.
교회학교인구 : 예장통합교단 교세통계자료

한국 교회총연합과 목회데이터연구소에 따르면 2024년 16.2%
인 우리나라 기독교인 비율이 이후 지속적으로 떨어져 2050년
엔 11.9%로 예상된다고 발표하였다. 그 예상이 맞다면 기독교인
이 828만 명에서 560만 명으로 약 268만 명이 줄어드는 심각한
상황이 이어질 것이다. 연구소의 예측에 따르면 2024년과 2050
년의 연령대별 비중의 변화는 어린이·청소년 14.7%→12.5%,
20·30세대 26.0%→16.7%, 40·50세대 30.4%→26.9%, 60세 이상
28.9%→43.9%로 추정한다.

또 다음 세대의 문제와 관련하여 우리 사회에서 일어나는 현상을
주목해야 한다. 1) 고령화와 저출생의 문제가 심각하다. 2) 이단

[그림] 연령대별 기독교인 비중 예상 (2024-2050, %)

연도	어린이/청소년	2030세대	4050세대	60세 이상	전체 기독교인 수(만 명)
2024	14.7	26.0	30.4	28.9	828
2025	14.8	25.8	30.8	28.6	825
2026	14.8	25.6	30.9	28.7	821
2027	14.7	25.4	31.0	28.9	818
2028	14.6	25.2	31.0	29.2	815
2029	14.4	25.0	30.9	29.7	812
2030	14.2	24.8	30.8	30.3	809
2031	14.0	24.5	30.6	30.9	805
2032	13.8	24.2	30.4	31.7	801
2033	13.5	23.9	30.1	32.4	797
2034	13.3	23.6	29.9	33.2	792
2035	13.1	23.2	29.7	34.0	787
2036	12.9	22.8	29.6	34.8	781
2037	12.7	22.4	29.4	35.5	774
2038	12.5	21.9	29.3	36.2	765
2039	12.4	21.5	29.2	37.0	755
2040	12.3	21.0	29.1	37.7	743
2041	12.2	20.5	28.9	38.4	731
2042	12.2	20.0	28.7	39.2	717
2043	12.2	19.5	28.4	39.9	702
2044	12.2	19.0	28.2	40.6	686
2045	12.2	18.6	27.9	41.3	668
2046	12.3	18.2	27.7	41.9	649
2047	12.3	17.8	27.5	42.4	629
2048	12.4	17.4	27.3	42.9	607
2049	12.5	17.0	27.1	43.4	584
2050	12.5	16.7	26.9	43.9	560

<출처> 목회데이터연구소 2024

과 무신론의 증가가 이어지고 있다. 3) 교회학교와 다음 세대 위기는 이미 심각하게 진행 중이다. 4) 양적 감소 가속화의 시대이다. 그러면 변화는 가능할까? 우리는 변화가 가능하다는 것을 믿고 변화를 추구할 필요성을 인식해야 한다. 그리고 다음 세대를 살리기 위해서 새로운 도전과 시도를 이어가야 한다.

한국 교회가 다음 세대를 살리고 키우고 세우는 변화를 위해서 3가지에 주목해야 한다.

첫째, 변화를 위해 구조가 바뀌어야 한다. 구조적 변화 없이 항상 원점으로 돌아간다. 진정한 변화를 위해서 구조적인 부분까지 다루어야 한다.

둘째, 사역의 재조정은 선택이 아닌 필수다. 지금은 모든 것이 변하고 있다. 교회도 본질을 지키되 본질 외에는 과감하게 조정을 해야 한다. 특히 다음 세대를 중심으로 구조를 조정하지 않으면 고령화의 늪에 빠지고 교회는 점점 침체로 향할 것이다.

셋째, 현실 진단에서 머물지 않고 대안과 처방으로 이어져야 한다. 변화는 말이 아닌 실천으로 이어져야 가능하다. 지금은 실행할 때다. 행동할 때다.

그러면 어떻게 할 것인가? 다음 세대의 변화와 변혁을 원한다면 구체적 실천에 있어서 3가지를 기억할 필요가 있다.

담임 목사가 직접 뛰어들어야 한다

교회가 담임 목사와 함께 교회와 교회학교가 한 방향으로 향하면서 다양성과 창조성을 가지면 다음 세대가 건강하게 세워진다. 그런데 한 방향으로 향하지 않으면서 각자도생하는 시스템에서는 사역자가 바뀔 때마다 사역자에 따라서 너무 변화가 많다. 사역자가 바뀔 때마다 계속 바뀌는 것은 다음 세대 사역에서 고려되어야 한다. 결국, 일관성 있는 사역은 담임 목회자의 관심과 함께 한 방향으로 갈 수 있는 건강한 시스템이 필요하다. 담임 목사는 다음 세대 사역을 직접 하기는 어려워도 다음 세대 사역자에게 방향을 제시하고 그 방향으로 나아가도록 하는 코칭과 멘토링은 가능하다. 다음 세대 사역을 맡겨 놓고 방치하거나 방임해서는 안 된다. 항상 다음 세대의 사역 흐름을 살피고 문제가 있으면 코칭과 멘토링을 통해서 문제를 해결하도록 도와야 한다. 무엇보다 당회와 끊임없이 다음 세대 사역에 대한 비전을 공유하고 공감하며 소통해야 한다. 이 일은 담임 목회자가 직접 계속해 가야 하는 일이다. 동시에 전교회가 같은 방향과 흐름을 형성하도록 중직과 제직을 같은 마음, 같은 비전으로 묶어내면서 다음 세대를 위한 같은 헌신을 이어가야 미래가 있다.

다음 세대 사역의 전문화, 특성화, 유기체적 사역이 필요하다

세상은 계속 변해 가는데 교회는 과거에 사로잡혀 있어서는 안 된다. 과거의 영광만 자랑해서는 안 된다. 세상을 이끄는 변화, 새로운 미래를 열어가는 변혁이 필요하다. 그러려면 사역의 전문화, 특성화, 유기체적 사역이 필수이다. 앞으로 일어나는 주요 흐름 가운데 하나는 사역자의 감소와 질적 저하 현상이다. 전도사와 목사의 수급의 어려움이 계속해서 이어질 것이다. 그렇다면 미리 준비하는 지혜가 필요하다. 재정적으로 준비가 된 교회라면 전문화를 통해서 사역을 유기적으로 조정해 가는 매트릭스 구조가 필요하다. 재정적으로 어렵다면 목회 다양화의 시대에 맞게 특성화시켜야 한다. 특히 중소형 교회라면 사역자 중심의 구조에서 평신도를 사역자화하는 작업이 필요하다. 키워서 평신도 가운데 탁월한 이들을 간사로 임명하고 다음 세대를 책임지도록 하는 간사 제도를 활용하는 것이다. 그렇게 함으로 미래를 시대 흐름에 맡기지 않고 스스로 개척해 가는 변화와 변혁이 필요하다. 무엇보다 기억할 것은 교회는 그리스도의 몸이기에 그리스도 중심으로 유기적으로 움직이는 다음 세대가 미래가 있다.

프로그램이 아닌 프로세스가 있는가? 바로 이것을 점검해야 한다

많은 교회들이 프로그램을 따라가다가 다 무너진다. 유행 따라가는 곳은 세상이다. 진리를 따라가야 교회이다. 교회를 건강하게 세우는 것은 프로그램이 아닌 프로세스이다. 아무리 좋은 프로그램이라고 해도 프로세스에 따라 조정하고 조절해야 한다. 각 교회는 교회의 상황과 특색에 맞게 사람을 살리고 키우고 세우는 프로세스가 필요하다. 대안의 사람을 키우고 세우는 작업이 필요하다. 다음 세대가 교회학교를 통해서 어떤 인물로 키워지는가를 질문하고 사람을 키우고 세우는 프로세스 중심으로 이동해야 한다. 프로그램은 이벤트로 끝난다면 프로세스는 재생산으로 이어진다.

이러한 토대 위에서 변화와 변혁을 시도할 때 다음 세대가 세워진다. 또한, 구조적 변화에도 관심을 가지고 유기적으로 계속 새 부대를 준비해 가야 한다. 다음 세대를 위한 교회의 구조적 변화와 지원을 구체적으로 어떻게 할 것인가?

◉ 다음 세대 사역의 방향성을 점검하고 기초와 기본에서 시작해야 한다

교회(다음 세대) 공동체는 예수 그리스도의 몸으로 존재한다. 교회의 방향성은 항상 외치지만 쉽지 않은 Ad fontes! 바로 이것이다. 본질로 돌아가되 새 포도주를 새 부대에 담아내는 교회는 시대적 파도를 넘어서서 파도타기를 한다. 파도타기를 하면 두려움이 변하여 즐거움이 된다. 파도타기를 위해서는 수없이 본질에 관련된 질문을 해야 한다. 우리의 교회학교는 예수 그리스도의 몸으로 존재하는가? 우리의 다음 세대 교육은 예수님이 하신 3대 사역이 재현되는가?

> "예수께서 온 갈릴리에 두루 다니사 그들의 회당에서 가르치시며 천국 복음을 전파하시며 백성 중의 모든 병과 모든 약한 것을 고치시니"(마태복음 4:23).

> "예수께서 모든 도시와 마을에 두루 다니사 그들의 회당에서 가르치시며 천국 복음을 전파하시며 모든 병과 모든 약한 것을 고치시니라"(마태복음 9:35).

예수님은 가르침, 복음전도, 치유와 회복 이 3가지 사역에 집중하셨다. 시대가 달라져도 3가지 나침판이 선명해야 한다. 그런데 화려해지고 온갖 미사여구가 늘어가지만 3가지 나침판이 고장이 난 다음 세대는 반드시 파도에 밀려서 파선한다. 그렇다면 3가지 사역을 어떻게 교회학교 구조 속에 담아낼 것인가?

말씀의 공동체를 세우는 작업을 지속, 반복, 집중하라

말씀이 다음 세대에서 되살아나는가? 이 질문 앞에서 조금도 주저함 없이 그렇다고 한다면 그 공동체는 미래가 밝다. 그런데 머뭇머뭇한다면 그 공동체는 말씀의 공동체를 세우는 작업부터 시작해야 한다. 말씀의 공동체는 예배와 설교, 분반 공부, 성경 읽기, 성경 암송 등 말씀을 중심으로 다음 세대를 키우는 것이다.

A교회는 6학년이 4학년과 5학년 동생들의 조장이 되어 함께 큐티를 한다. 중학교 3학년이 1학년과 2학년의 분반 교사로 활동을 한다. 그런데 적절하게 코칭과 멘토링이 이어지면 동세대가 동세대를 아주 탁월하게 섬긴다. 게다가 영적 리더십과 사회성도 훈련된다. 교회가 말씀 사역을 통해서 말씀 중심의 리더를 키우는 것이다. 요즘은 영어쉐마스쿨과 어린이 영어 성경 동화학교를 통해서도 말씀 교육을 시도하는 추세이다. 쉐마와 하브루타가 교회 안에서 적절하게 말씀 공동체를 세우는 작업에 활용된다면 다음 세대가 건강한 말씀 공동체로 세워질 것이다.

기도의 공동체를 세우는 작업을 지속, 반복, 집중하라

하나님의 역사는 기도를 통해 이루어진다. 하나님의 일은 기도로 하는 것이다. 기도는 다음 세대를 하나님의 임재로 연결한다. 하나님의 능력으로 연결한다. 하나님의 지혜로 연결한다. 교회학교는 기도를 훈련시켜야 한다. 기도 없이 부흥은 없다. 기도 없이 변화는 없다. 부흥도 변화도 하나님이 하시는 일이기 때문이다. 어린이든 청소년이든 청년이든 기도해야 살아난다.

B교회는 기도로 하나님을 경험하게 하는 일에 헌신적이다. 다음 세대와 함께 특별새벽기도회를 하고 금요 철야를 진행한다. 다니

엘 기도회를 교회 맞춤식으로 3주간 진행하면서 축제식으로 한다. 밥상공동체를 만들고 말씀과 기도를 중심으로 생명의 밥상을 계속 먹도록 함께 시도한다. 다양한 기도회를 통해서 건강한 기도를 가르쳐 주어야 다음 세대가 산다. 다음 세대는 부모 세대를 곁에서 보고 듣고 배운다. 교회에 와서 자는 것 같고 장난치는 것 같아도 콩나물시루에 물을 주면 콩나물이 자라듯 다음 세대도 쑥쑥 자란다. 기도야말로 하나님의 일하심의 통로요 부흥의 통로이다.

제자화 사역을 모든 부서에서 진행하는 것을 지속, 반복, 집중하라

예수님은 제자들을 따로 데리고 다니시면서 3년을 훈련시키셨다. 예수님의 사역을 직접 보여 주시면서 동거하시고 동행하셨다. 그 결과 3년의 공생애 동안 제자들의 신앙성숙이 이루어지고 성령 충만의 경험을 통해 제자의 삶으로 도약하였다. 다음 세대 모든 부서에 제자훈련을 통해서 다음 세대를 제자화하는 사역을 속히 해야만 한다.

C교회는 영유아, 유치부, 유년부는 부모 대상의 제자훈련을 한다. 소년부, 중등부, 고등부, 대학부, 청년부는 다음 세대와 청년을 대상으로 직접적인 제자훈련을 한다. 모든 부서가 큐티 교제를 중심으로 말씀을 묵상하고 교육하기에 조금만 관심을 가지면 다음 세대를 위한 제자훈련과 양육에 교회와 가정이 연결되고 연

합된다. 한 번 일회성으로 끝나지 않고 모든 부서에서 반복적으로 제자훈련을 하여서 영적 경험이 일어나고 성장이 일어나도록 돕는다.

이러한 3가지를 사역의 구조 속에 계속 담아낸다면 틀림없이 건강한 성장과 성숙이 경험되어질 것이다. 이러한 구조를 먼저 세우면 프로그램이 아닌 다음 세대를 키우고 세우는 프로세스가 세워진다.

◯ 다음 세대 사역의 변화 어떻게 할 것인가?

프로세스가 세워지면 그 토대 위에 창조성과 다양성을 담아내는 프로그램을 고민하고 시대별, 세대별 프로그램을 고민해야 한다. 그때 사역의 변화가 가능하다. 다음 세대 사역자는 관성의 법칙을 깨는 새로운 시도를 해야 한다. 기존에 해 오던 방식대로만 해서는 안 된다. 새 부대를 만들어 가야 한다. 그래야 다음 세대를 새 부대에 담아낸다. 그러면 새 부대를 만드는 창조적 도전과 말씀의 실험 공동체를 세우는 구체적인 내용은 무엇인가?

3미: 재미, 흥미, 의미가 있어야 한다

다음 세대는 릴스, 틱톡, 쇼츠, 유튜브에 익숙하다. 재미에 길들여져 있다. 재미가 없으면 교회도 가지 않으려 한다. 프로그램을 기획할 때 재미, 흥미, 의미의 3미를 풍성하게 담아낸다면 다음 세대는 결코 교회를 외면하려 하지 않을 것이다. 문제는 교회가 세상에 너무 뒤떨어져 있다는 것이다.

D교회는 비전 트립을 통해서 전국을 누빈다. 영성 여행, 문화 여행을 만들어 한국의 각 지역의 영성 순례를 하고 기독교 문화를 접하면서 기독교적 관점으로 세상을 해석하는 힘을 키운다. 심지어 한라산, 지리산, 치악산, 설악산, 백두산을 다음 세대와 함께 등반하기도 한다. 그때 필요에 따라 부모님이 함께하기도 한다. 힘들수록 감동과 기쁨의 순간순간들을 잘 기획하여 계속해서 다음 세대들이 기대감을 갖게 한다. 이러한 프로그램은 큐티 모임과 기도 모임에 참여하여 달란트를 모아서 그에 따른 지원과 병행하여 진행한다.

3자: 자립, 자치, 자생이 되어야 한다

다음 세대 사역을 사역자와 교사 중심에서 다음 세대 중심으로 이동할 필요가 있다. 모든 것을 사역자와 교사가 해 주기보다는 스스로 하게 하는 것이 필요하다. 청소년의 경우 프로그램의 준비와 진행을 스스로 하게 한다. 사역자와 교사는 코치의 자리에서 돕는다. 다음 세대가 직접 뛰게 하는 것이다. 이런 자발적인 섬김과 헌신이 있을 때 전도가 일어나고 영적 변화가 일어난다.

E교회는 장년 바자회를 지역사회 축제를 할 때 섬김의 차원에서 진행한다. 이때 소년부 어린이들이 플리마켓을 열어 섬기게 하였다. 어린이들이 자신의 성장 과정에서 사용했던 장난감이나 인형, 구입하고 사용하지 않는 여러 물품들을 가지고 나와서 파는 것이다. 그 과정에서 부모님들은 자연스럽게 자녀들의 방에 쌓아둔 물건들을 정리하고, 어린이들은 스스로가 선택하고 결정하여 판매하는 과정에서 삶의 지혜를 배우게 하는 것이다. 자립, 자치, 자생의 구조를 담아내는 과정은 어려웠지만 플리마켓을 통해서 바자회가 전 세대의 잔치가 되었다.

3원: 구원, 자원, 후원이 선택이 아닌 필수이다

다음 세대를 중요하다고 말하는 교회는 많다. 다음 세대를 살려야 한다고 말하는 교회도 많다. 그러나 다음 세대를 최우선 순위와 중요 순위에 두는 교회는 드물다. 정말 다음 세대의 구원이 중요한 1순위라면 교회의 모든 자원이 다음 세대에 최우선 순위로 집중되어야 한다. 가장 탁월한 봉사자가 교육부서에 집중되어야 한다. 교회의 당회도 중직자와 제직들도 교회학교 살리기에 올인해야 한다. 그 구체적 실천으로 교회의 재정이 교회학교에 우선순위로 지원되어야 한다. 교회의 후원의 1순위도 교회학교여야 한다. 이것은 선택이 아닌 필수이다. 다음 세대를 구원하는 일을 위해서 무엇이든 한다는 중심이 선명해야 한다. 말이 아니다. 실천이다. 행동이다.

F교회는 교회학교를 살리기 위해서 자원과 지원과 후원을 다음 세대에 집중하였다. 사역자들의 사례비와 복지를 점진적으로 인상하였다. 교회학교의 모든 행사를 교회에 알리고 예배 시간마다 다음 세대 영상을 통해 교회적인 관심을 가졌다. 교회학교는 항상 1순위로 재정적인 지원을 늘렸다. 가정 같은 교회는 다음 세대에 집중하는 교회이다. 가정은 자녀를 교육하는 데 가장 많은 재정을 사용한다. 교회도 자녀 교육비처럼 다음 세대에 자원과 지원이 집중되어야 다음 세대가 살아난다. 담임 목사는 다음 세대 사역자와 다음 세대를 위하는 일에 목회카드를 내어 주어서 사용하게 한다. 관심의 표현이다. 또 기회가 있을 때마다 다음 세대 사역자를 식사를 섬기고 커피를 섬긴다. 거룩한 소비가 있는 것이다. 장로님들은 교회학교 행사와 수련회마다 참석하여 격려하고 섬긴다. 중직과 제직들도 교회학교를 위한 후원을 아끼지 않는다. 다음 세대를 아끼고 사랑하는 것이 표현될수록 다음 세대가 살아난다.

3힘: 모험, 실험, 경험하는 사역이 필요하다

시대가 급변한다. 시대가 바뀌었는데 가장 변화가 더딘 곳은 교회이다. 1990년까지 교회가 청년과 청소년 문화를 이끌었다. 문학의 밤과 다양한 배움의 장소가 교회였다. 교회에서 예술인이 많이 나왔다. 교회에서 문화가 세상으로 확산하였다. 그런데 2000년대 이후로 교회는 세상을 따라가기 바쁘다. 세상을 변혁시켜야 하는 교회가 점점 세상의 영향을 받으면서 변질되어 간다. 세상 속에서 혼합되면서 본질마저 사라지는 교회가 많아진다. 다음 세대 사역은 본질은 강하고 선명하게 해야 한다. 동시에 방법은 유연하고 다양하게 추구해야 한다. 예수님의 말씀을 기억할 필요가 있다.

> "새 포도주를 낡은 가죽 부대에 넣지 아니하나니 그렇게 하면 부대가 터져 포도주도 쏟아지고 부대도 버리게 됨이라 새 포도주는 새 부대에 넣어야 둘이 다 보전되느니라"(마태복음 9:17).

결국, 새 포도주는 새 부대에 담아내는 작업이 필요하다. 대부분의 사역은 전례를 따라간다. 그래서 긍정적인 변화가 없다. 변화를 원한다면 사역자와 교사들이 고민하면서 모험, 실험, 경험을 중심으로 새로운 시도와 실험을 해 가야 한다. 실수도 하고 실패도 할 것이다. 그러나 그 과정에서 배우고 새 부대를 만들어 내는 것이다.

G교회는 다음 세대가 다음 세대를 섬기는 일에 참여한다. 중고등부 학생들이 유치부 아이들을 섬긴다. 중학교와 고등학교 다니는 10대들이 교사가 되어서 유치부 아이들과 특별활동을 한다. 1년에 2번 6주씩 하는 새로운 시도이다. 이 시간을 통해 교사로 섬기는 10대들은 리더십이 훈련된다. 섬김이 체질로 바뀌고 섬김의

기쁨을 경험한다. 이 시간이 학원과 학교만 다람쥐 쳇바퀴 돌듯 도는 또래에 비하여 섬김의 리더십이 훈련된다. 섬김의 과정에서 나만 생각하지 않고 우리라는 공동체를 생각한다. 섬김에 참여하면서 스스로 자부심이 생기고 건강한 정체성이 생긴다. 이러한 시간을 통해서 10대들이 하나님을 경험하고 자신에게 주어진 은 사와 은혜를 따라 미래를 열어가는 경험을 한다.

교회학교는 각 시대에 맞는 옷을 입어야 한다. 지금의 교회학교 는 기성세대의 옷을 입고 있다. 다시 갈아입어야 하는데도 과거의 기억과 추억 속에 머물고 있다면 곧 다음 세대는 그 옷을 버리고 세상으로 나갈 것이다. 다음 세대를 살리는 교회, 다음 세대를 담아내는 교회가 되기 위해서는 본질은 지키면서 방법이라는 옷은 때를 따라 갈아입어야 한다. 그 작업이 모험이다. 실험이다. 경험이다.

3겹줄 사역: 가정, 교회, 학교가 연결되어야 한다

시대가 바뀌면 패러다임이 바뀐다. 과거의 교회학교 교육은 교회에 집중되었다. 교회에서 살았기 때문에 가능하였다. 모든 생활의 중심이 교회였다. 교회에서 놀고, 교회에서 밥을 먹고, 교회에서 예배를 드리고, 교회에서 기도 모임을 하고, 교회에서 특별활동을 하였다.

그러나 이제 교회는 1주일에 1시간을 머무는 곳이 되어 버렸다. 주어진 1시간에 예배와 분반 공부와 모든 활동이 끝난다. 그러다 보니 교회학교는 점점 본질을 놓치고 형식화되었다. 교회는 부모님의 강요에 의해서 교회에 나오기는 하지만 교회에서 부족한 수면을 보충하기 위해서 졸거나 자다가 가는 곳으로 변질되었다. 10대들을 변화시켰던 공간이 10대들의 기피 장소가 되어 간다.

길을 찾아야 한다. 10대들이 변화되는 길을 속히 찾아야 한다. 그 길은 가까운 곳에 있다. 그 중심에 가정이 있다. 다음 세대는 부모의 영적인 영향을 가장 많이 받는다. 부모가 함께 다음 세대 신앙전수를 위해 수고해야 신앙유산의 상속이 가능한 시대가 되었다. 과거에는 교회에 모든 것을 맡겼다. 신앙유산의 상속도 교회에 보내면 다 되는 것으로 생각하였다. 과거에는 맞지만, 지금은 틀리다. 과거에는 교회학교의 교사와 선배들이 후배들의 신앙과 삶을 챙겨 주었다. 고민을 상담해 주었다. 서로 어울려 함께 기도하면서 미래를 꿈꾸고 미래를 열어가는 곳이 교회였다. 그러나 지금 그런 일들은 거의 일어나지 않는 사막지대가 교회이다. 부모님의 관심이 없이 교회에만 맡기는 다음 세대는 신앙과 삶의 사각지대가 점점 커진다. 그래서 가정이 교회교육에 적극적으로 동참해야 한다.

어떻게 가정이 교회교육에 동참할 수 있는가? 그것은 큐티를 같이하거나, 가정예배를 드리거나, 세대통합예배를 드리거나, 수요일이나 금요일 예배에 자녀들과 함께 예배를 드리는 것을 통해서 할 수 있을 것이다. 부모 세대만이 아니라 자녀 세대도 교회의 흐름에 함께 참여시키는 것이다. "너희는 공부만 해라. 기도는 우리가 하겠다"라는 방식이 아니다. 함께 예배하고, 함께 기도하고, 그리고 "하나님이 주시는 힘과 지혜와 능력으로 공부해라"가 맞다.

더 나아가 학교와 연결점을 확보하는 것이 필요하다. 청소년들을 교회에서 1시간밖에 만날 수 없다면 10대들이 있는 학교와 학원으로 찾아가야 한다. 무조건 오라고만 하지 말고, 10대들이 삶의 무게를 버티고 견디는 현장으로 찾아가서 위로하고 격려하고 응원해 주어야 한다. 직접 가서 간식을 사 주고 나누면 좋다. 그것이 어려우면 간접적으로 SNS를 통해서 카톡이나 메시지를 통해서 이름을 불러 주면서 챙기는 주중의 사귐이 필요하다. 주일 1번 1시간의 만남은 피상적이다. 각각의 아이들의 형편과 처지를 살피면서 주중 섬김이 이어져야 건강한 사역이 가능하다. 주중 사역은 선택이 아니다. 필수다.

최근 학교에 스쿨처치 운동이 활발하다. 좋은 시도이다. 교회로 오라고만 하는 것이 아니라 가서 함께하는 구조이기 때문이다. 학생들이 스스로 하는 운동이기 때문이다. 학교는 스쿨처치가 되는 것이 가능하다. 예수님의 말씀을 기억한다면 학교에 주님이 함께하심을 확신할 수 있다.

"진실로 너희에게 이르노니 무엇이든지 너희가 땅에서 매면 하늘에서 도 매일 것이요 무엇이든지 땅에서 풀면 하늘에서도 풀리리라 진실로 다시 너희에게 이르노니 너희 중의 두 사람이 땅에서 합심하여 무엇 이든지 구하면 하늘에 계신 내 아버지께서 그들을 위하여 이루게 하 시리라 두세 사람이 내 이름으로 모인 곳에는 나도 그들 중에 있느니 라"(마태복음 18:18~20).

시대와 세대가 바뀌면서 교회의 모든 사역이 패러다임의 전환을 고민해야 한다. 계속 낮아지는 출산율의 문제로 학령인구가 줄어 간다. 다문화 사회가 되어 간다. 교회는 가정과 학교를 연결하면 서 다음 세대를 주께로 회복하기 위한 새로운 연결이 필요하다. 이러한 고민은 교회가 어떤 변화가 일어나는 곳이 되어야 하는가 를 생각하게 한다.

◐ 다음 세대 사역의 변화를 위해서 교회는 어떤 공동체가 되어야 하는가?

아둘람 공동체

다윗은 아둘람 굴에서 고통을 당하는 이들과 함께하였다. 아둘람 공동체는 단순한 공동체가 아니라 신음하고 고통을 당하는 이들에게 미래와 소망을 주는 공동체였다. 아둘람 공동체에는 하나님의 은혜와 긍휼이 있었기 때문에 가능한 일이었다. 환난 당한 자, 빚진 자, 마음이 원통한 이들에게 아둘람 공동체는 치유와 회복의 장소였다. 오늘날 교회학교가 그러한 공동체일 때 다음 세대를 통해서 민족과 열방을 섬기는 일이 일어날 것이다. 교회는 다문화 시대에 환대의 공동체로 세워져야 한다. 교회학교에 다문화 가정의 자녀들이 와서 어울리고 변화되는 환대가 필요하다. 교회는 낮은 곳으로 흘러가면서 죽어 가는 모든 것을 살리는 공동체이다.

> "그러므로 다윗이 그곳을 떠나 아둘람 굴로 도망하매 그의 형제와 아버지의 온 집이 듣고 그리로 내려가서 그에게 이르렀고 환난 당한 모든 자와 빚진 모든 자와 마음이 원통한 자가 다 그에게로 모였고 그는 그들의 우두머리가 되었는데 그와 함께한 자가 사백 명 가량이었더라"(사무엘상 22:1~2).

아둘람 굴에서 키우는 사람은 어떤 사람인가? 첫째, 예배자이다. 예배가 있는 곳에 치유가 일어난다. 회복이 일어난다. 반전의 역사가 나타난다. 둘째, 대안의 사람이다. 그 시대의 문제에 대해서 고통과 아픔을 공감하면서 새로운 길을 만들어 가는 대안의 사람이 키워지는 곳이다. 셋째, 미래를 여는 사람이다. 아둘람 굴로 왔을 때와 나갈 때는 달라진 모습이다. 아둘람 굴에서 이스라엘 민족사를 바꾸는 사람이 되었고 미래를 여는 사람들이 되었기 때문이다. 지금 교회학교는 아둘람 공동체로 시대를 준비하는 교회요 준비된 기독교 지도자를 키우는 교회여야 한다. 그들이 하나님 나라를 세우는 사람들이 될 것이다.

사도행전적 공동체

교회는 그리스도의 몸으로 건강할 때 자연스럽게 변화와 변혁을 경험하게 된다. 오늘날 교회는 경직되어 있다. 딱딱해져 있다. 그리스도의 몸 된 교회는 부드럽다. 유연하고 따뜻하다. 유기적이다. 다음 세대를 담아내는 교회가 되기 위해서는 교회의 건강은 필수이다. 그러면 어떤 교회 공동체가 건강한 공동체인가? 사도행전 2장에 나타난 초대 교회에서 공동체의 건강성을 발견한다.

> "그들이 사도의 가르침을 받아 서로 교제하고 떡을 떼며 오로지 기도하기를 힘쓰니라 사람마다 두려워하는데 사도들로 말미암아 기사와 표적이 많이 나타나니 믿는 사람이 다 함께 있어 모든 물건을 서로 통

용하고 또 재산과 소유를 팔아 각 사람의 필요를 따라 나눠 주며 날마다 마음을 같이하여 성전에 모이기를 힘쓰고 집에서 떡을 떼며 기쁨과 순전한 마음으로 음식을 먹고 하나님을 찬미하며 또 온 백성에게 칭송을 받으니 주께서 구원받는 사람을 날마다 더하게 하시니라"(사도행전 2:42~47).

사도행전의 교회는 성령세례와 성령 충만의 결과 말씀의 가르침과 실천이 나타났다. 진심과 전심의 기도가 울려 퍼졌다. 수직적 사귐과 수평적 사귐이 일어났다. 상호책임의 공동체 의식이 자라서 꽃을 피웠다. 유무 상통의 역사가 나타났다. 이러한 모든 역사는 세상이 보기에 혁신적이고 혁명적이었다. 그 중심에는 성령의 역사가 있었다. 다음 세대는 성령세례와 성령 충만이 필요하다. 교회는 세상의 조직과는 다르다. 성령의 역사하심으로 새로운 피조물이 된 사람들이 그리스도의 몸 된 교회를 이루기 때문이다. 공동체 가운데 기쁨이 있고 순전한 마음으로 식탁을 만들어 가는 공동체는 구원받는 사람이 더해지는 것은 당연한 결과일 것이다. 다음 세대를 위한 교회 모델은 사도행전적 공동체로 세워져 가는 것이다.

선교적 공동체

교회는 다음 세대를 담아내기 위한 치열한 씨름을 해 왔다. 각각의 시대마다 각각의 대안을 만들고 새로운 세대를 담아내었다.

지금 다음 세대를 위한 새로운 그릇은 선교적 공동체일 것이다. 선교적 삶이 녹아나는 다음 세대로 양육하고 훈련하여서 그리스도의 편지가 되고 그리스도의 향기가 되도록 다음 세대를 키우고 세워야 한다. 그래야 미래가 있다. 한국 교회가 다음 세대에게 위선적이다 또는 이중적이다라는 평가를 듣지 않고 교회야말로 지역사회의 축복의 통로라는 인식을 할 수 있도록 최선의 걸음을 옮길 때이다. 예수님은 선교적 공동체를 통해서 하나님 나라의 가치와 의미를 담아내기를 소원하셨다.

> "예수께서 나아와 말씀하여 이르시되 하늘과 땅의 모든 권세를 내게 주셨으니 그러므로 너희는 가서 모든 민족을 제자로 삼아 아버지와 아들과 성령의 이름으로 세례를 베풀고 내가 너희에게 분부한 모든 것을 가르쳐 지키게 하라 볼지어다 내가 세상 끝 날까지 너희와 항상 함께 있으리라 하시니라"(마태복음 28:18~20).

다음 세대를 담아내는 선교적 공동체를 세워 가려면 복음 전도와 사회참여가 만나는 것이 필요하다. 사랑과 공의가 만나고, 신앙과 삶이 만나고, 복음 전도와 사회참여가 만나는 교회는 다음 세대를 위한 교회가 될 수 있다. 다음 세대를 그리스도께로 돌아오게 하는 교회는 성령이 주시는 감동을 SNS에서 잘 담아내고 표현해야 한다. 다음 세대는 오프라인 공간만이 아니라 온라인 공간을 자유자재로 드나드는 세대이다. 예수님 당시 모든 길이 로마로 통했다면 지금 우리 시대의 모든 길은 SNS로 통하고 있다. 그렇다면 다음 세대에게 온라인 공간을 통해 복음이 전파되도록 해야 한다. 다음 세대를 위해서 온라인 세대를 담아내는 전도와 선교, 양육과 훈련을 병행해 가야 할 것이다. 그리스도 안에서 모든 기술과 과학은 융합되어 잘 활용하는 것이 필요하다.

그러면 다음 세대를 살리고 키우고 세우기 위해서 우리는 어떻게 할 것인가?

결국, 사람이다. 수백 명의 장군이 아닌 이순신 장군처럼 애국, 애족, 애민에 미친 사람이 나라를 구한다. 한 사람의 헌신이 나라를 살리는 것이다. 수십 명의 왕이 아닌 세종대왕처럼 애국, 애족, 애민의 지도자가 미래를 연다. 제대로 된 지도자 한 사람이 있음으로 민족의 살길이 열린다. 교회는 그런 사람이 있는가? 다음 세대를 품고 섬기는 그런 사람이 있는가? 교회도 다음 세대를 미치도록 사랑하는 사람이 있어야 미래가 있다.

다음 세대를 위한 교회 구조적 변화와 지원은 결국 사람이다.

이제 숫자 부풀리기를 중단할 때다. 정직하게 현실을 진단하고 처방해야 치유와 회복을 할 수 있다. 지금 필요한 것은 한 사람에 초점을 두는 공동체이다. 숫자 싸움이 아닌 제자도 싸움이 필요하다. 우리 시대는 떡의 전쟁이 아닌 영적 전쟁이 치열하다. 이러한 시대에 사막에 강이 흐르는 은혜를 갈망하며 광야에 길을 만드는 사람이 필요하다. 광야에 길을 만드는 작업은 고되다. 어렵고 힘들다. 그래도 가야 할 길이다. 다음 세대는 희생과 헌신의 거름 위에서 건강하게 세워진다. 아무도 썩어서 거름이 되려고 하지 않으면 결국 황폐해지고 사막화될 것이다. 그러나 다음 세대에 대한 사랑의 수고를 하면서 어찌하든지 전 교회적인 관심과 헌신을 지속, 반복, 집중해 간다면 때가 차면 반드시 꽃을 피우고 열매를 맺을 것이다. 하나님께서 사막에 강을, 광야에 길을 만드실 것이기 때문이다.

CHAPTER 7

대안이 없는 시대, 대안적 교회와 다음 세대

"교회와 세대,
그리고 가정의 통합"

🔵 독일의 한 교회에 얽힌 이야기

독일의 여러 도시들 중에 아름다운 곳으로 꼽히는 곳이 있다. 바로 지역 전체가 박물관이라고 불리는 드레스덴(Dresden)이다. 그 도시의 중앙에는 지역 주민들의 사랑방이자 자랑거리인 교회가 있다. 바로 드레스덴 루터교회이다. 종교 개혁자 마르틴 루터의 동상 뒤로 보이는 교회 건물은 보는 이들로 하여금 압도될 정도로 웅장함을 뽐내고 있다.

개인적으로 이 지역에 방문했을 때 교회를 향한 사람들의 애정이 남다르다는 것을 피부로 느낄 수 있었다. 예배를 드리는 시간

뿐만 아니라 평상시에도 주민들은 교회를 제 집처럼 들락거렸다. 교회의 곳곳에서는 관광객들에게 교회에 관해서 설명하는 주민들의 모습을 심심찮게 볼 수 있었다.

사람들이 관광객들에게 자주 설명하는 것은 그 교회의 건물에 얽힌 이야기다. 교회의 외벽을 보면 색상이 사뭇 어색하다. 마치 색 다른 레고 블록을 쌓아 둔 것처럼 벽돌마다 색깔이 서로 다르기 때문이다. 어떤 벽돌은 새하얀 반면, 또 어떤 벽돌은 거무스름하다. 그 이유는 먼 과거로까지 거슬러 올라간다.

제2차 세계대전 당시에 독일을 향한 연합군의 폭격이 있었다. 드레스덴도 예외가 아니었다. 이로 인해 드레스덴은 초토화가 되었고 교회 역시 직격탄을 맞았다. 교회의 형체는 온데간데없이 사라지고 잔해만 남게 되었다. 사람들은 본인의 집이 부서진 것보다 교회 건물이 폭파된 것을 더 슬퍼했다고 한다. 왜냐하면 그 교회는 드레스덴의 상징이었기 때문이다.

엎친 데 덮친 격으로 전쟁이 끝나고 정부는 교회의 잔해를 허물고 그 자리에 주차장을 만들려고 했다. 그러나 결국 시민들의 반대로 이뤄지지 못했다. 하지만 주민들 사이에서는 언젠가는 교회가 재건될 것을 예상해서 폐허가 된 교회에 몰려들기 시작했다. 그리고 크고 작은 교회 벽돌들을 자신들의 집으로 가지고 가서 수십 년 동안 소중하게 보관했다고 한다. 마침내 교회가 재건되기 시작할 때 주민들은 이 벽돌들을 가지고 교회로 나왔고, 덕분에 교회 건물이 완성될 수 있었다고 한다.[1]

◉ 드레스덴 사람들로부터 배울 수 있는 것

다음 세대 사역의 트렌드에 관한 글에서 우리나라 이야기도 아닌 먼 나라 이야기로, 현재의 이야기도 아닌 과거의 이야기를 이다지도 장황하게 쓰느냐고 의문을 품는 독자가 있을지도 모르겠다. 그러나 "역사는 반복된다"라는 서양의 격언과 "역사는 과거와의 끊임없는 대화"라는 E. H. 카(E. H. Carr)의 주장이 옳다면 현재를 논하는 데 있어서 특정한 역사적인 사건은 오늘날 우리의 흐름을 논하는 데 있어서 도움이 된다.

특히 필자는 이 드레스덴 교회의 이야기를 통해서 우리의 다음 세대 사역의 흐름과 문제, 그리고 대안을 읽어낼 수 있어야 한다고 주장하고 싶다. 왜냐하면 코로나 팬데믹 이후로 한국 교회 가운데 가장 많이 이야기된 주제 중 하나가 바로 회복이었기 때문이다. 책 『한국 교회 트렌드 2024』에서도 가장 우선적으로 다뤘던 주제가 '한국 교회 리빌딩'이었다. 그렇다면 무엇에 대한 회복

---

1   정석원, 『청소년 사역 핵심파일』,(서울: 홍성사, 2021), p. 238.

이고 리빌딩일까? 바로 본질의 회복이었다.

◉ 다음 세대를 위한 회복의 몸부림들

팬데믹 이후로 한국 교회는 폭격을 맞은 것 같다는 자조 섞인 말들이 많았다. 교회는 집단 감염의 온상으로 치부되고 더 나아가 반사회적인 단체라는 오명을 얻기도 했다. 이런 현실 속에서 가나안 성도들이 속출하고 활발했던 선교는 주춤하게 되었다. 무엇보다 치명적인 직격탄을 맞은 곳은 주일학교라고 할 수 있다. 이 지면에 꼭 설문 결과를 싣지 않아도 각 교단마다 주일학교의 현장이 무너지고 있다는 아우성이 가득했다.

하지만 감사하게도 적지 않은 교회들은 자포자기하며 손 놓고 있지 않았다. '본질을 회복해야 한다'는 사명감으로 교육에 있어서 본질적인 면들을 회복하기 위해 최선을 다했다. 마치 서두에 소개한 드레스덴의 주민들이 교회 건물의 벽돌을 보관하고 재건을 위해서 힘을 보탰던 것처럼 말이다. 그렇다면 어떤 본질을 회복하기 위해 애썼을까? 단정컨대 팬데믹 이후로 다음 세대 사역에 있어서 가장 뜨거웠던 이슈는 바로 세대통합과 가정과의 동역일 것이다. 이전까지는 신앙 양육에 있어서 세대가 분리되어 진행되었거나 가정과 교회의 동역이 애매모호했다. 그러나 팬데믹이 두 주제를 신앙 양육에 있어서 본질이며 결코 놓치지 말아야 하는 주제라는 것을 일깨워 주었다.

앞으로도 온 세대 통합 예배는 의미가 있을까?

다음 세대 신앙교육의 본질의 회복을 말할 때 대표적으로 온 세대 통합 예배를 논한다. 교회의 초기 역사부터 살펴보면 예배는 세대별로 분리되어 있지 않고 통합적이었다. 현재 주일학교가 각 연령별로 예배드리는 방식은 18세기로 거슬러 올라간다. 당시 주일학교 운동이 일어나면서 아이들은 부서별로 모아두었고, 어른들은 따로 예배를 드리는 구조가 고착화된 것이다. 그래서 주일학교 학생은 각 부서 예배실에서 예배를 드리고, 어른들은 소위 본당에서 예배를 드리게 되는 분리가 생긴 것이다. 이 특성이 강한 곳은 예배가 진행되는 동안 본당이 'No Kids' 존이 되기도 한다. 본당에서 예배드리는 중이니 아이는 별도로 마련된 유아실이나 주일학교로 가야 하는 것이다.

전 휘튼 대학교 교수였던 헤럴드 베스트(Harold Best)는 이런 예배 분리 현상을 다음과 같이 신랄하게 비판하였다.

> "성도들을 연령별, 유형별, 취향별로 나누는 것은 반쪽짜리 공동체, 혹은 가짜 공동체의 모습이다. 그리스도의 몸은 영적으로 완전체인 것처럼 나이나 유형 면에서도 완전체이다. 지역 모임을 여러

그룹으로 나누어 각각 자기들에게 맞는 예배를 드리게 하는 것은
역설적이고, 너 나쁘게 말하면 성경적으로 문제가 있는 것이다.[2]

이처럼 해럴드 베스트는 온 세대가 분리되는 것이 아니라 통합되
는 것이 진짜 공동체, 성경적인 공동체라고 주장하고 있다. 오늘
날 한국 교회 상황에서 세대 통합 예배에 대한 생각은 어떨까?

아래의 그림은 사역자들과 교회학교 교사, 청소년, 학부모 458명
을 대상으로 세대 통합 예배에 대한 필요성을 설문한 결과이다.
전반적으로 필요성을 느끼고 있는데 주목할 점은 각 직분별, 연령
별로 필요성에 대한 인식이 크게 다르지 않다는 점이다. 목회자와
청소년간의 차이는 8% 정도의 차이를 보이고 있기 때문이다.

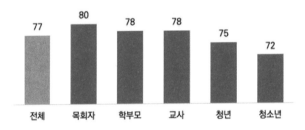

[그림] 세대통합예배 필요성 ('매우+약간 필요하다' 비율*, %)

<출처> ACTS 신학저널, '세대통합예배에 대한 교육 주체들의 인식과 기독교 교육적 함의', 2024
(2024.4.24-5.31).   *5점 척도

---

2   대니얼 R. 하이드, 『아이들이 공예배에 참석해야 하는가?』, (서울: 개혁된 실천사, 2019), p.
31 재인용.

그렇다면 온 세대가 함께 모여 드리는 예배를 통해 성경적인 공동체를 구현해 나가고 있는 교회가 있을까? 구체적인 사례를 살펴보면 더 실제적으로 와 닿을 수 있기 때문이다. 필자가 직접 경험하고 인터뷰한 교회를 중심으로 살펴보자.

🌑 금당동부교회 – 예배의 통합이 아닌 세대의 통합으로

이 교회는 순천에 위치한 교회이다. 굳이 저출생, 인구소멸에 대해서 자세히 설명하지 않아도 일반적으로 지방은 다음 세대 사역에 있어서 불모지로 꼽힌다. 이 교회의 사례는 수도권과 대도시만이 아니라 지방에 위치한 교회에게도 대안이 될 것으로 보인다. 아래는 이 교회를 담임하고 있는 장철근 목사와 함께 지역에 관련한 주제를 놓고 인터뷰한 내용이다.

• 필자 : 순천이라는 지역에서 다음 세대 사역을 하면서 가장 힘든 점은 무엇인가요?

• 장철근 목사 : 정성들여 잘 키워 놓은 아이들이 고등학교를 졸업하고 수도권이나 타 대도시로 떠날 때입니다.

• 필자 : 지역을 떠나는 비율이 많이 높은가요?

• 장철근 목사 : 순천에서 고등학교를 졸업하는 아이들 중에 90%가 떠나는 것 같습니다.

• 필자 : 한국 교회에서는 이런 한계 상황을 겪고 있는 지역의 교회가 많을 것 같습니다. 목사님만의 돌파구가 있습니까?

• 장철근 목사 : 아이들과 함께하는 동안 영적인 추억을 많이 남겨두는 것입니다. 그러면 아이들이 어느 곳을 가도 영적으로 자립할 수 있기 때문입니다.

• 필자 : '영적인 추억'이라는 말이 참 마음에 와 닿는데요. 조금만 더 설명해 주실 수 있습니까?

• 장철근 목사 : 더 구체적으로 말하면 영적인 DNA라고 할 수 있습니다. 영적 DNA가 심겨지면 외부 환경의 변화에 따라 믿음이 흔들리지 않습니다. 지역을 옮겨도, 심지어 교회를 떠나도 영적인 DNA만 잘 심겨져 있으면 반드시 다시 돌아오게 되어 있습니다.

필자가 경험한 금당동부교회는 어른과 아이들이 따로 분리되어 있지 않았다. 이 교회에서는 주일학교 자녀들을 단순히 '어린이들'이라고 부르지 않고 '어린 성도'라고 불렀다. 모든 세대가 하나님께 특별히 부름 받은 성도라는 인식 때문이었다. 이 어린 성도들은 매 주일 드려지는 통합 예배에서 어른 성도들과 함께 찬양대에서 찬양을 하고, 성찬식에 참여한다. 그리고 대표기도도 한다. 그 시간들 동안 어린 성도들은 어른 성도들의 등을 보며 영적으로 성장하고, 예배의 전통을 경험하면서 영적 DNA를 새기고 있었다.

세대 통합 예배에 대한 인식 설문에서 세대 통합 예배를 통하여 "우리가 하나의 공동체원이라는 것을 알게 되었다"라는 답변이 상대적으로 높게 나타난 것은 의미하는 바가 크다. 사람들은 세대 통합 예배를 통하여 반쪽짜리 혹은 가짜 공동체가 아닌 진정한 공동체를 경험할 수 있는 가능성을 보여 주고 있다.

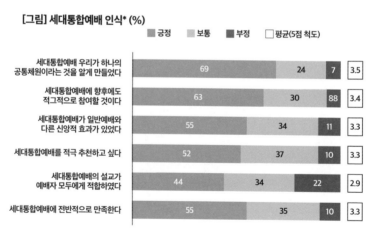

[그림] 세대통합예배 인식* (%)

긍정 ■ 보통 ■ 부정 □ 평균(5점 척도)

	긍정	보통	부정	평균(5점 척도)
세대통합예배 우리가 하나의 공통체원이라는 것을 알게 만들었다	69	24	7	3.5
세대통합예배에 향후에도 적그적으로 참여할 것이다	63	30	88	3.4
세대통합예배가 일반예배와 다른 신앙적 효과가 있었다	55	34	11	3.3
세대통합예배를 적극 추천하고 싶다	52	37	10	3.3
세대통합예배의 설교가 예배자 모두에게 적합하였다	44	34	22	2.9
세대통합예배에 전반적으로 만족한다	55	35	10	3.3

<출처> ACTS 신학저널, '세대통합예배에 대한 교육 추체들의 인식과 기독교 교육적 함의', 2024.07 (사역자 교회학교 교사·청소년·청년·학부모 458명, 2024.04.24.-05.31.)
*5점 척도, 긍정 (매우+약간 그렇다), 부정 (매우+약간 그렇지 않다)

세대 통합 예배의 피로감을 어떻게 해결할 수 있을까?

위의 설문조사 결과를 보면 각 항목별로 차이가 두드러지게 나타나는 부분이 있다. 세대 통합 예배의 필요성을 나타내는 항목(우리가 하나의 공동체원이라는 것을 알게 되었다, 향후에도 적극적으로 참여할 것이다)에 비해 만족도를 나타내는 항목(일반 예배와 다른 신앙적인 효과가 있었다, 적극 추천하고 싶다, 세대 통합 예배 설교가 예배자 모두에게 적합하였다)은 낮은 것을 볼 수 있다. 이 지점에 대해 어떻게 해결할 수 있을까? 금당동부교회 장철근 목사에게 물어보았다.

• 필자 : 세대 통합 예배가 단기간에 그치거나 행사에 머물지 않고 장기적으로 지속 가능한 예배가 되기 위해서는 어떤 것이 필요하겠습니까?

• 장철근 목사 : 성도들의 인식의 전환이 필요합니다.

• 필자 : 말씀하신 인식의 전환이 구체적으로 어떤 것인지 설명 부탁드립니다.

• 장철근 목사 : 세대 통합 예배는 단순히 함께 예배드리는 것이 아닙니다. 세대가 통합되고 마음이 일치되며, 하나가 되어야 합니다. 우리 교회는 주일 오전 예배 때 유치원생이 대표기도를 합니다. 그리고 강단에서 어린 성도만이 아니라 장년 세대들도 찬양

과 율동을 하도록 합니다. 모든 세대를 가로막고 있는 벽을 지우고 진정으로 하나 되게 하는 것이죠.

• 필자 : 세대 통합예배에 대한 두려움을 안고 있는 분들에게 어떤 말씀을 주실 수 있으십니까?

• 장철근 목사 : 각 교회의 상황과 형편에 맞게 세대 통합을 시도하면 됩니다. 물론 시행착오를 겪을 수도 있겠죠. 하지만 성공과 실패를 따지기 전에 실험하고 적극적으로 투자해야 합니다.

구체적인 대안 - 교회에서 영적 멘토를 세우라

금당동부교회 장철근 목사는 세대 통합 예배가 단순히 예배의 통합이 아닌 세대의 통합이 되어야 한다고 말한다. 이것을 구체적으로 실현할 수 있는 방법이 있다면 무엇일까? 교회 안에서 영적 멘토링을 할 수 있도록 돕는 것이다. 총신대학교 기독교교육학과 함영주 교수는 세대통합예배를 주제로 한 논문에서 이 예배가 확대되기 위해서 영적 후견인 제도를 제안했다. "영적 후견인 제도는 부모가 교회에 다니진 않지만 혼자 교회에 나오는 아이들, 그리고 자녀를 독립시키고 부부끼리 교회에 출석하는 어른들이 일종의 멘토링 관계를 맺는 시스템"[3]이라고 말한다.

---

3 박지훈, 『세대통합예배 잘되고 있을까?』, 국민일보 인터넷 신문, 2024-08-18, https://www.kmib.co.kr/article/view.asp?arcid=0020431366&code=61221111&cp=nv

세대를 통합시키는 데 활용할 수 있는 멘토링 시스템은 어떻게 하면 될까? 이 내용은 필자의 저서인 『청소년 사역 핵심 파일』(홍성사, 2021)의 〈교회가 청소년의 확대가족이 되게 하라〉의 부분을 바탕으로 소개할 것이다.

상대방의 필요에 따라 멘토링의 종류를 정하기

어른 성도들이 어린 성도들을 대상으로 멘토링을 할 수 있는 것은 크게 세 종류가 있다. 학습 멘토링, 진로 멘토링, 신앙 멘토링이다. 각 멘토링은 일대일이 될 수도 있고, 소그룹이 될 수도 있다. 관계를 바탕으로 멘토링을 하기 위해서는 가볍게 시작하는 것이 좋다. 예를 들어, 멘토가 멘티들에게 자신의 경험(성공, 실패, 깨달음) 스토리를 전해 주는 것이다.

학습 멘토링은 학과 공부만이 아니라 악기나 미술, 영상 편집과 같은 실기 공부도 포함된다. 진로 멘토링은 멘티들이 관심을 가지고 있거나 꿈꾸고 있는 직업과 관련된 사람과 연결한다. 신앙 멘토링은 신앙적인 의문을 가지고 있거나 질문이 있는 멘티를 이끌어 줄 수 있는 멘토를 연결지어 준다. 이외에도 멘티들의 다양한 상황에 따라 멘토를 연결시킬 수 있다. 예를 들어, 멘티가 가정적인 어려움을 겪고 있거나 게임 중독과 같은 상황에 있을 때 비슷한 과정을 거친 멘토를 연결할 수 있다. 핵심은 멘티들의 필요에 민감해야 한다는 것이다. 그렇지 않으면 금방 흥미를 잃거나 초반부터 난관에 부딪힐 수 있다.

작은 성공으로 시작한다

멘토링을 연결하는 사역을 초기부터 대대적인 이벤트로 접근할 수 있다. 그러나 초반부터 일을 이뤄내야 하는 작업으로 접근하면 실패하기 쉽다. 일을 주도하는 사람이 쉽게 실망하거나 지칠 수 있고, 함께하는 멘토들이 지레 겁을 먹고 동역하지 않을 수도 있다. 그러면 일의 구심점이 사라지고 일회성으로 끝나게 된다.

먼저 검증된 멘토를 찾고, 안정적인 멘티를 정해서 멘토링에 대한 구체적인 원칙(멘토링 종류, 만나는 날짜, 장소 등등)을 세운다. 그리고 작지만 확실한 성공 사례로 만든다. 핵심은 소소하지만 확실한 긍정적인 사례를 만들어야 한다는 것이다. 이것이 멘토링에 대한 그 어떤 홍보보다 다른 이들에게 설득력과 동기부여를 해 준다.

교회 공동체에 대한 철학에서 시작한다

카르타고 교회의 감독 키프리아누스(Cyprianus)는 "당신이 교회를 어머니로 삼지 않으면 하나님을 아버지로 삼을 수 없다"[4]고 말했다. 종교 개혁자 존 칼빈(John Calvin)은 『기독교 강요』에서 "하나님은 교회의 품 안으로 자신의 아들들을 모으기 원하시는데, 그들

---

4   대니얼 R. 하이드, 『아이들이 공예배에 참석해야 하는가?』, (서울: 개혁된 실천사, 2019), p. 19 재인용

은 젖먹이와 어린아이일 때 교회의 도움과 사역으로 양육될 뿐만 아니라 성숙하여 결국 신앙의 목표에 이를 때까지 어머니 같은 교회의 보살핌을 받을 것이다"[5]라고 말했다. 교회 공동체는 한마디로 확대된 가정이라고 할 수 있다. 멘토링이 지속가능하기 위해서는 교회의 프로그램 중에 하나로 인식하는 것이 아니라 교회는 확대가족이고, 한 가족으로서 다른 가족을 돌본다는 철학을 가져야 한다. 한 가지 덧붙인다면 멘토와 멘티가 동성(同性)이어야 한다. 이성간의 멘토링도 유익이 있을 수 있지만 동성간의 멘토링이 안정적으로 지속할 수 있다.

그렇다면 우리는 금당동부교회로부터 무엇을 배울 수 있을까? 이 부분은 아주 중요하다. 한 교회의 사례로 우리 각자의 교회에서 어떤 적용점이 있는지를 살펴보는 지점이기 때문이다. 이 교회를 통해 열쇠 꾸러미 리더십을 배울 수 있다.

금당동부교회 유치부는 초등부의 어린 성도들이 교사로 섬기고 있었다. 중고등부 성도들이 초등부 성도들을 섬기고 있었다. 주로 보조교사이지만 존재감만큼은 보조적이지 않다. 선배가 후배들을 섬기고 함께하는 것 자체가 살아 있는 공동체를 경험하도록 돕는 일이기 때문이다. 선배들은 후배들의 예배에서 찬양을 인도

---

5   Ibid. p.19 재인용

하고, 율동을 돕는다. 그 외의 여러 행사에서도 적극적으로 활동한다. 이로 인해 졸업하고 다른 부서로 월반해도 관계가 단절되는 것이 아니라 끈끈한 유대감을 느낄 수 있도록 돕는다.

어느 교회에 강의를 하러 갔을 때의 일이다. 교사들을 대상으로 강의를 마치고 교회를 나서려는데 한 선생님이 필자를 멈춰 세웠다. 그리고 질문이 있다고 했다. 그 내용을 들어보니 질문보다는 그 교회 담임 목사에 대한 불만 토로에 가까웠다. 내용인즉슨 자신은 교사로서 학생들이 후배들의 부서에서 보조교사로라도 섬겼으면 하는데 자신의 교회는 원천적으로 불가능하다고 말했다. 이유는 담임 목사의 철학 때문이다.

필자는 그 교사에게 다음과 같이 답했다. "학생들이 더 어린아이들이 있는 부서에서 봉사를 하는 것은 옳고 그름의 문제는 아닙니다. 좋고 나쁨의 문제도 아니고요. 목양적 선택의 문제입니다. 아마도 담임 목사님이 학생들을 타부서 교사로 섬기는 것에 대해 반대하신 이유는 학생들이 배우는 것에 더 집중하도록 하기 위함이실 겁니다. 목사님의 목양적 선택을 신뢰해 주시고 존중해 주시길 부탁드립니다."

현장을 다녀보면 생각보다 초등학생과 청소년들이 교사로 섬기는 것에 대한 갈등이 있는 곳을 보게 된다. 이 사안에 대해 옳고 그름으로 접근하면 문제는 풀리기보다 더 꼬이게 된다. 목양적 선택의 관점으로 접근해야 한다.

그렇지만 한 가지 잊지 말아야 할 것이 있다. 지금 우리는 각 교회에 대한 적용점을 다루고 있다는 점이다. 선택의 영역을 왜, 모두에게 적용할 만한 중차대한 지점에 소개하고 있는 것일까? 그 이유는 어린 성도들에게 꼭 교사가 아니더라도 역할을 부여해 주는 일은 의미 있는 일이라는 것을 말하기 위해서다. 목회자의 목양적 관점에서, 교회 토양의 관점에서 역할을 부여하는 정도의 차이를 둘 수 있다. 확실한 것은 어린 성도들에게도 공동체를 세워나가는 데 필요한 역할을 부여해 주는 것이 필요하다는 것이다. 다음 세대에게 따뜻한 공간이 되어 주는 공동체의 6가지 핵심 가치를 다룬 책 『Growing Young』에서는 다음과 같이 말한다.

> "지금 맡은 역할이 무엇이든 이것을 기억하면 좋겠다. 당신 손에 있는 열쇠를 청소년과 청년에게 기꺼이 넘겨준다면, 그들은 진심으로, 가진 모든 에너지로, 창의력으로, 심지어 친구들까지 동원해서 당신을 믿고 따를 것이다. 때론 애쓰는 노력에 비해서 그 가치가 작게 보일지도 모른다. 그러나 그 손에 가지고 있는 권위를 나누게 된다면, 당신은 모든 세대와 소통할 기회를 얻을 수 있다."[6]

---

6   카라파월, 제이크 멀더, 브래드 그리핀, 『Growing Young』(서울: 다세연, 2022), p. 67

이 책의 저자는 다음 세대에게 역할을 부여하는 리더십을 '열쇠 꾸러미 리더십'이라고 말한다. 자신이 어떤 열쇠(책임-역할)를 가지고 있는지를 잘 알면서, 그 열쇠를 나눌 사람들을 잘 훈련하고 응원하는 리더십을 말한다.

금당동부교회는 어린 성도들에게 책임과 역할을 잘 나누면서도 그들이 자신의 맡은 역할을 잘할 수 있도록 응원하고 격려하는 공동체이다. 아이들이 예배에 개근하거나 자신의 역할을 성실하게 잘 수행하면 특전이 있다. 일명 '담임 목사와 국제선 타기'라고 해서 담임 목사와 해외로 비전 여행을 떠나도록 하는 것이다. 어린 성도들뿐만 아니라 부모들에게도 격려가 될 수 있다. 이 교회에서는 모두가 영적 추억을 쌓아가고 있는 중이다.

◖ 예수비봉교회 – 믿음을 몸에 새기는 공동체

이 교회는 수도권에 위치한 개척 교회이다. 특징이 있다면 공동목회체제라는 점이다. 두 명의 담임 목사가 한 공동체를 섬기고 있다. 더 정확하게 말하면 두 목회자가 각자의 은사로 온 세대가 통합되는 공동체를 이루기 위해서 애쓰고 있다. 이 교회의 사례는 한 교회만이 아니라 교회 내에 있는 다음 세대 부서 사역에도 대안이 될 것으로 보인다. 아래는 교회를 담임하고 있는 한규성 목사와 김마태 목사와 함께 사역에 관련한 주제를 놓고 인터뷰한 내용이다.

• 필자 : 개척 교회를 목양하시는 목회자로서 신경 써야 할 부분들이 많을 것 같습니다. 어떤 부분을 가장 많이 신경 쓰고 있습니까?

• 한규성 목사 : 우리는 어떻게 하면 세대가 분리되지 않고, 모든 세대가 서로의 영적 성장에 영향을 주는 공동체를 세워나갈 수 있을지를 고민하고 있습니다.

• 필자 : 모든 세대가 서로에게 믿음에 있어서 좋은 영향을 주는 공동체가 필요하다고 생각하시는 이유가 있나요?

• 김마태 목사 : 그것이 주님이 우리에게 원하시는 공동체의 원형에 가깝다고 생각하기 때문입니다.

• 필자 : 그런 가치와 목적을 위해 핵심적으로 실천하고 있는 것이 있다면요?

• 김마태 목사 : 두 가지입니다. 온 세대 통합 예배와 가정과의 연합입니다.

• 필자 : 두 가지에 대해 설명해 주실 수 있나요?

• 한규성 목사 : 모든 세대들에게 예수님에 대해 말하는 것도 중요하지만, 예수님의 사랑과 헌신을 경험하도록 하는 공간과 공동체를 경험하게 해 주는 것이 중요하다는 것을 깨닫고 있습니다. 그것이 결국은 문화가 된다는 것을 알게 되었기 때문입니다. 온 세대 통합 예배는 단순히 다 같이 예배드리는 것만을 의미하지 않습니다. 함께 예배하는 공간을 공유한다는 것, 모든 순서와 시간을 통해 예수님의 사랑과 헌신을 경험하게 해 주는 것이 중요합니다.

• 필자 : 같은 온세대 통합 예배를 드리더라도 추구점이 확실해야 하겠네요?

• 김마태 목사 : 그렇죠, 이 추구점이 확실한 것과 그렇지 않은 것은 당장에는 차이가 드러나지 않겠지만, 결국 지속하게 하느냐 그렇지 않느냐를 가르는 동력이 될 것 같아요. 그런 점에서 가정과의 연합도 마찬가지입니다. 일이 아니라 문화가 되도록 해야 합니다.

• 필자 : 프로그램을 진행하는 것과 문화가 되도록 하는 것의 차이점은 어디에 있다고 보나요?

• 한규성 목사 : 확대 재생산인 것 같습니다. 프로그램은 일회성으로 그칠 가능성이 크지만 문화는 사람들에게 점점 퍼지는 특징이

있는 것 같습니다. 예수 그리스도의 공동체를 경험하는 문화가 형성되면 교역자가 주도적으로 활동하지 않아도 성도들이 적극적으로 움직이게 되는 것 같습니다. 그것이 문화의 힘인 것 같습니다.

• 필자 : 이 사역의 가치가 문화로 자리 잡기 위해서는 어떤 것이 가장 필요할까요?

• 김마태 목사 : 버티는거죠 뭐. 포기하지 않고 끊임없이 성도들을 설득하는 일 같아요. 먼저 교역자가 지치지 않고 잘 버티면 됩니다. 결국 시간 싸움인 것 같습니다.

• 필자 : 버틴다... 쉽지 않겠는데요.

• 한규성 목사 : 우선 가장 중요한 것은, '나의 사역은 온 세대와 가정이 함께 성장하는 공동체에 둘 것이다!'라고 결정을 내리면 됩니다. 아이디어와 전략은 따라옵니다.

• 필자 : 반대와 걸림돌이 있을 때는 어떡합니까?

• 김마태 목사 : 실제로 비슷한 경험을 하기도 했습니다. 목회의 철학을 동의할 수 없거나 혹은 낯선 예배 분위기에 교회를 떠나는 분도 계셨습니다. 아마도 일반 교회의 예배에 익숙한 분들에게는

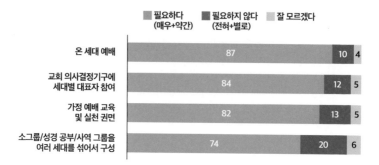

[그림] 교회 세대 통합 대안별 필요성 (교회 출석 개신교인, %)

	필요하다 (매우+약간)	필요하지 않다 (전혀+별로)	잘 모르겠다
온 세대 예배	87	10	4
교회 의사결정기구에 세대별 대표자 참여	84	12	5
가정 예배 교육 및 실천 권면	82	13	5
소그룹/성경 공부/사역 그룹을 여러 세대를 섞어서 구성	74	20	6

*4점 척도임

<출처> ㈜지앤컴리서치, '세대 통합 목회를 위한 설문조사' 2023.07.
(개신교 교회 출석자 19~69세 600명 유효표본, 2023.07.17.~07.20)

쉽지 않았을 듯합니다. 여담입니다만, 한 사람이 귀중한 개척 교회 입장에서는 정말 뼈아픈 순간이죠. 아주 가슴이 아팠습니다. 그러나 처음의 결정 '나의 사역은 온 세대와 가정이 함께 성장하는 공동체에 둘 것이다!'라는 결정이 결국 중심을 잡게 했고, 다른 분들을 설득하는 동력이 되었습니다.

레지 조이너(Reggie Joyner)는 『싱크 오렌지(Think Orange)』에서 다음과 같이 말한다.

"현재 당신과 당신의 사역은 어떠한가? 교회와 가정이 한 팀으로서 할 수 있는 가장 중요한 논의 가운데 하나는, 당신들이 진정 이끌어가고자 하는 목적지를 정하는 것이다. 다음 세대들이 결국 어디로 향하기를 원하는가? 당신의 사역을 거친 다음 세대들이 궁극적으로 어떤 사람이 되기를 원하는가? 그것에만 초점을 맞추고 그것에 비추어 그 외 모든 것을 바라보고 지원하라. 당신 교회의 모든 사역과 가정이 그 목표에 동의한다면 어떻게 될까? 그것이 당신이 하는 일을 어떻게 변화시킬까? (상상해 보라)"[7]

개신교회를 출석하는 19~69세 600명을 대상으로 온라인을 통해 설문조사했을 때 온 세대 통합 예배에 대해서는 대체적으로 긍정적인 반응이 나왔다. 적지 않은 성도들이 온 세대가 함께하는 시간을 긍정적으로 생각하고 그 시간이 예배로 구현되기를 바라고 있다. 반면에 세대 통합에 있어서 부정적으로 생각하는 시간은 주로 소그룹과 관련한 것이다. 성경공부, 소그룹, 친교 모임 등등이다. 이 점은 다음의 설문조사 결과에서 분명하게 볼 수 있다.

◐ 세대 통합 예배와 소그룹을 어떻게 지혜롭게 운영할 수 있을까? – 부모교사운동

온 세대 예배의 필요성에 대한 부정적인 인식에 비해 세대 통합 소그룹 활동에 대한 부정적인 인식이 두 배가 높다. 이 조사 결과는 세대 통합에 관해 조금 더 지혜롭게 접근할 필요가 있음을 말

---

7   레지 조이너, 『싱크 오렌지』, 김희수 옮김 (서울: 디모데, 2011), p. 130

해 준다. 이 지점에 대해서 어떻게 해결점을 찾을 수 있을까? 예수비봉교회 김마태 목사와 한규성 목사에게 물었다.

• 필자 : 전체 예배와 소그룹 간의 균형을 어떻게 잡을 수 있을까요?

• 한규성 목사 : 현실적으로 아이들과 어른들이 함께 예배하는 것은 가능하지만, 소그룹을 진행하는 것까지는 무리입니다. 정확하게 말해서 지혜롭게 대처할 필요가 있습니다. 이 균형은 세 가지를 기억해야 합니다. '함께' '따로' '깊게'입니다.

• 필자 : '함께'와 '따로'는 예배는 같이 드리되 소그룹 운영은 따로 한다는 말씀이죠?

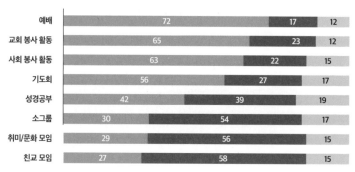

[그림] 교회 활동/모임 중 선호 유형 (교회 출석 개신교인, %)

■ 온 세대 참여 선호(매우+약간) ■ 같거나 비슷한 세대끼리 선호(매우+약간) ▨ 잘 모르겠다

	온 세대 참여 선호	같거나 비슷한 세대끼리 선호	잘 모르겠다
예배	72	17	12
교회 봉사 활동	65	23	12
사회 봉사 활동	63	22	15
기도회	56	27	17
성경공부	42	39	19
소그룹	30	54	17
취미/문화 모임	29	56	15
친교 모임	27	58	15

<출처> ㈜지앤컴리서치, '세대 통합 목회를 위한 설문조사' 2023.07.
(개신교 교회 출석자 19~69세 600명 유효표본, 2023.07.17.~07.20)

• 한규성 목사 : 반은 맞고 반은 틀립니다. 모든 예배의 순서는 함께 합니다. 그렇지만 설교시간에는 어른들과 아이들이 분리된 공간에서 예배드립니다. 현실적으로 한 사람의 설교자가 모든 세대를 아우를 수 있는 메시지를 전하는 것은 어렵습니다. 그래서 설교 시간에는 같은 본문으로 저와 김마태 목사님이 따로 나눠서 어른 설교와 아이들 설교를 합니다. 그리고 예배의 모든 순서가 끝나면 어른들은 어른들에게 맞는 '복음 대화'라는 질문을 나누고, 아이들은 아이들에게 맞는 질문을 나눔으로써 예배는 함께, 그러나 설교와 소그룹은 따로 진행하고 있습니다.

• 필자 : 이런 방식의 강점이 있다면 무엇일까요?

• 김마태 목사 : 우리가 추구하고자 하는 온 세대 통합과 가정 동역이 가능해진다는 점입니다. 우선적으로 부모 세대들이 그 주의 말씀을 잘 들어야 합니다. 가정에 가서 아이들에게 말씀을 설명하고 다시 가르치기 위해서 말이죠. 이것이 제대로 되었을 때 '함께' '따로'와 더불어 '깊게'가 가능해집니다. 주일예배에서만 신앙 전수가 일어나는 것이 아니라 주중 일상에서도 서로 믿음에 대해서 나눌 수 있게 되기 때문입니다. 전략적으로는 부모교사운동을 함께 하게 되는 셈입니다.

● 구체적인 대안 – 교회에서 부모교사를 세우라

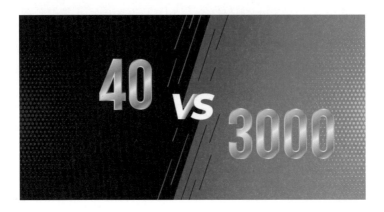

위의 그림에 나타난 숫자는 다음 세대를 섬기는 이들이 꼭 기억해야 할 숫자이다. 우리가 꼭 놓치지 말아야 할 사역의 핵심이 담겨 있기 때문이다. 레지 조이너는 아이들이 1년 동안 보내는 시간을 계산해 봤을 때, 학교에서는 40시간을 보내고 있다고 했다. 그런데 가정에서는 3,000시간을 보내고 있다는 것을 알게 되었다.[8] 다음 세대 사역에 있어서 결코 놓치지 말아야 하는 것이 바로 가정이고 부모이다.

필자가 예수비봉교회의 두 담임 목사와 인터뷰를 하면서 가정 동역에 관한 인사이트를 얻게 된 것이 있다. 바로 가정에서 신앙 양육이 있을 수 있도록 무언가를 제공해 준다는 것이다. 매주 가정에

---

8 Ibid, p. 93

서 볼 수 있는 성경 자료와 영상 자료(공과자료)를 제공한다는 것이다. 그 자료가 얼마나 전문적이고 질이 높은가는 부차적이다. 우선적으로는 가정에 뭔가가 지속적으로 전해지고 활용 방법을 알려주는 것이 중요하다. 이와 관련해서 유의미한 설문조사가 있다.

[그림] 출석 교회의 가족 신앙 활동 자료 제공 여부

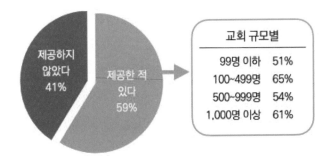

교회 규모별	
99명 이하	51%
100~499명	65%
500~999명	54%
1,000명 이상	61%

[그림] 출석 교회의 가족 신앙 활동 자료 활용 방법 교육 여부
(제공한 적이 있는 교회 응답자)

<출처> ㈜지앤컴리서치, '개신교인의 가족신앙에 대한 조사' 2023.07.(전국 만19세~59세 남녀중 첫 교회 출석시기가 초등학교 전(미취학 시절)이며 현재 교회에 출석하고 있는 개신교인 1,000명 유효표본. 개신교 교회 출석자 19~69세 600명 유효표본, 2023.07.28.~08.11)

위의 설문조사 결과를 보면 신앙 교육과 관련해서 가정에서 할 수 있는 활동 자료를 제공받은 비율이 높은 것으로 드러난다. 그러나 상대적으로 활동 자료에 대한 활용방안이나 방법들을 교육하는 비율은 낮은 것으로 드러났다.

매주 전달하고 구체적인 활용법을 나누라

기억해야 한다. 매주 가정에서 자녀들을 믿음으로 양육할 수 있는 자료가 제공되어야 한다. 그리고 그 자료를 어떻게 활용하면 좋을지에 대한 구체적인 지침도 함께 있어야 한다. 그렇지 않으면 가정과의 동역이 지속 가능할 수 없다.

그렇다면 우리는 예수비봉교회로부터 무엇을 배울 수 있을까?

필자가 경험한 예수비봉교회는 한마디로 믿음을 몸에 새기는 교회였다. 다음 세대에게 교회의 어른들이 어떻게 예배드리는지를 보여 주고, 자녀들에게 부모와 조부모님들이 어떻게 신앙생활하는지를 경험하게 하는 공동체가 되기 위해 최선을 다하고 있었다. 이런 노력을 필자는 '믿음을 몸에 새기는 노력'이라고 말하고 싶다.

대니얼 R. 하이드(Daniel R. Hyde)는 『아이들이 공예배에 참석해야 하는가?』에서 다음과 같이 말한다.

"당신이 진지하게 고려해야 할 또 한 가지 실천적 포인트는 예배에서 당신의 자녀들에게 가장 큰 걸림돌은 예배가 따분하거나 아이들 수준에 맞지 않은 것이 아니라 부모로서 당신이 거룩한 예배를 소중히 여긴다는 것을 말과 행동으로 보여 주지 못하는 것이다. 이 말을 마음에 새겨두라. 예배는 가르치는 것이라기보다 몸에 배게 하는 것이다."[9]

예수비봉교회에서 인상 깊게 보았던 것이 있다. '하자요'라는 프로그램이다. "하나님 자녀 여기 모여라"라는 말의 줄임말이다. 여름시즌과 같은 휴일의 시간을 활용해서 각 부모님들이 다음 세대 아이들을 가르치는 시간이다. 부모님의 개인적인 특기나 취미들을 아이들에게 가르치고 교육하는 시간이다.

예를 들어, 상담을 전공한 어머니는 아이들을 대상으로 그림 치유의 시간을 가지고 영어를 전공한 분은 아이들의 연령에 맞게 영어를 가르치는 방식이다. 고무적인 것은 이 시간이 꼭 교회를 다니는 아이들만을 대상으로 하지 않는다는 점이다. 그 대상이 지역사회로까지 뻗어 있다.

다음 세대에 대한 신앙 전수와 복음 전파에 부모들이 교사로 참

---

9   대니얼 R. 하이드, 『아이들이 공예배에 참석해야 하는가?』, (서울: 개혁된실천사, 2019), p.103

여하고 있다는 것 자체가 반쪽짜리 공동체가 아닌 진정한 공동체로 나아가게 하는 디딤돌로 작용하고 있는 것은 아닐까를 생각하게 하는 지점이다.

◌ 다음 세대와 함께 깊게 파야 할 때

지금까지 인터뷰했던 교회들의 특징은 철저한 일반 교회라는 점이다. 겉으로 볼 때는 특별해 보이지만 본질을 묻고, 추구하고, 대가를 치르고 있다. 이런 점에서는 특수목회가 아닌 일반목회라고 할 수 있다. 목회 그 자체가 본질을 추구하는 것이라고 생각하기 때문이다.

신앙 공동체 교육의 본질은 결코 세대가 분리될 수 없다. 그리고 가정이 제외될 수 없다. 대니얼 R. 하이드의 지적처럼 다음 세대에게는 반쪽짜리 교육이 아니라 온전한 교육이 필요하기 때문이다. 이 두 교회뿐만 아니라 많은 교회들은 교회와 세대, 가정의 통합을 위해 애쓰고 있을 것이다. 분명한 것은 포기하지 않는다면 꼭 열매를 맺게 될 것이라는 점이다. 마지막으로 이 글을 읽고 있는 독자에게 묻고 싶다.

"여러분은 다음 세대와 함께 신앙을 깊게 파기 위해(통합) 어떤 시도와 노력을 하고 있습니까?"